White Paper Series   Collection de Livres Blancs

THE FRENCH LANGUAGE IN THE DIGITAL AGE

LA LANGUE FRANÇAISE À L'ÈRE DU NUMÉRIQUE

Joseph Mariani IMMI-CNRS & LIMSI-CNRS
Patrick Paroubek LIMSI-CNRS
Gil Francopoulo IMMI-CNRS & TAGMATICA
Aurélien Max LIMSI-CNRS & U. Paris Sud 11
François Yvon LIMSI-CNRS & U. Paris Sud 11
Pierre Zweigenbaum LIMSI-CNRS

Georg Rehm, Hans Uszkoreit
(Éditeurs, editors)

Editors
Georg Rehm
DFKI
Alt-Moabit 91c
Berlin 10559
Germany
e-mail: georg.rehm@dfki.de

Hans Uszkoreit
DFKI
Alt-Moabit 91c
Berlin 10559
Germany
e-mail: hans.uszkoreit@dfki.de

ISSN 2194-1416   ISSN 2194-1424   (electronic)
ISBN 978-3-642-30760-7   ISBN 978-3-642-30761-4   (eBook)
DOI 10.1007/978-3-642-30761-4
Springer Heidelberg New York Dordrecht London

Library of Congress Control Number: 2012946759

Printed on acid-free paper

Springer is part of Springer Science+Business Media (www.springer.com)

PRÉFACE PREFACE

Ce livre blanc fait partie d'une collection qui a pour objectif de faire connaître le potentiel des technologies de la langue. Il s'adresse en particulier aux journalistes, politiciens, communautés linguistiques, enseignants mais aussi à tous. La disponibilité et l'utilisation des technologies de la langue variant grandement d'une langue à l'autre en Europe, les actions nécessaires au soutien des activités de recherche et développement peuvent être très différentes en fonction des langues selon des facteurs multiples, comme leur complexité intrinsèque ou leur nombre de locuteurs.

Le Réseau d'Excellence META-NET, financé par la Commission Européenne, a analysé l'état des ressources et des technologies de la langue dans cette collection de livres blancs (p. 95). Cette étude, qui a concerné les 23 langues officielles de l'Union Européenne ainsi que des langues nationales et régionales de l'Europe, montre qu'il y a des déficits énormes en termes de soutien technologique et des lacunes significatives en recherche selon les langues. L'analyse de la situation actuelle permettra de maximiser l'impact des futures recherches.

En mars 2012, META-NET regroupe 54 centres de recherche de 33 pays européens (p. 91) et travaille avec les acteurs de l'économie (sociétés informatiques, fournisseurs de technologies, utilisateurs), les agences gouvernementales et non gouvernementales, les organismes de recherche, les communautés linguistiques et les universités européennes, pour établir une vision commune des technologies de la langue et un échéancier stratégique de recherche dans la vision de l'Europe multilingue de 2020.

This white paper is part of a series that promotes knowledge about language technology and its potential. It addresses journalists, politicians, language communities, educators and others. The availability and use of language technology in Europe vary between languages. Consequently, the actions that are required to further support research and development of language technologies also differ. The required actions depend on many factors, such as the complexity of a given language and the size of its community.

META-NET, a Network of Excellence funded by the European Commission, has conducted an analysis of current language resources and technologies in this white paper series (p. 95). The analysis focused on the 23 official European languages as well as other important national and regional languages in Europe. The results of this analysis suggest that there are tremendous deficits in technology support and significant research gaps for each language. The given detailed expert analysis and assessment of the current situation will help maximise the impact of additional research.

As of March 2012, META-NET consists of 54 research centres from 33 European countries (p. 91). META-NET is working with stakeholders from economy (software companies, technology providers, users), government agencies, research organizations, non-governmental organizations, language communities and European universities. Together with these communities, META-NET is creating a common technology vision and strategic research agenda for multilingual Europe 2020.

META-NET – office@meta-net.eu – http://www.meta-net.eu

Les auteurs de ce document remercient les auteurs du Livre Blanc allemand de leur avoir permis de réutiliser des éléments génériques de leur document [1].

La production de ce Livre Blanc a été financée par le septième Programme-Cadre et le Programme d'appui stratégique en Technologies de l'Information et de la Communication (TIC) de la Commission Européenne dans le cadre des contrats T4ME (convention d'aide 249 119), CESAR (convention d'aide 271 022), METANET4U (convention d'aide 270 893) et META-NORD (convention d'aide 270 899).

The authors of this document are grateful to the authors of the White Paper on German for permission to re-use selected language-independent materials from their document [1].

The development of this White Paper has been funded by the Seventh Framework Programme and the ICT Policy Support Programme of the European Commission under the contracts T4ME (Grant Agreement 249 119), CESAR (Grant Agreement 271 022), METANET4U (Grant Agreement 270 893) and META-NORD (Grant Agreement 270 899).

TABLE DES MATIÈRES TABLE OF CONTENTS

LA LANGUE FRANÇAISE À L'ÈRE DU NUMÉRIQUE

THE FRENCH LANGUAGE IN THE DIGITAL AGE

RÉSUMÉ EXÉCUTIF

Le multilinguisme est une donnée essentielle de la construction Européenne. Il est primordial d'assurer à chaque citoyen européen la possibilité d'utiliser sa langue maternelle et à chaque Etat européen la capacité de préserver sa culture, tout comme il est essentiel de permettre la communication entre les citoyens pour franchir la barrière des langues dans l'espace informationnel ou commercial communautaire. Ce même besoin existe de fait à l'échelle de la planète.

Peut-on accepter de voir disparaître des langues européennes, et les cultures dont elles font partie ? Du seul fait de la barrière des langues, peut-on accepter de se borner à constater la faiblesse de la croissance du marché européen ? De ne pas avoir accès à la richesse culturelle des autres pays ? De ne pas connaître à leur source les informations qui forgent l'Europe ?

Le multilinguisme a un coût, important, qui fait que progressivement les langues disparaissent au profit des langues majoritaires. Sur les quelques 6500 langues qui existent sur la planète, il est estimé que la moitié auront disparu à la fin de ce siècle. De nombreuses langues européennes ont déjà disparu, ou ont failli disparaître et n'ont été sauvées que grâce à une volonté politique.

Comment traiter les 48 heures de vidéos qui arrivent toutes les minutes sur YouTube, dans toutes les langues ? Comment faire en sorte que les brevets européens soient accessibles pour les entreprises européennes autres que celles qui parlent anglais, français ou allemand ? Comment permettre à un enseignant de faire un cours à des élèves qui ne parlent pas sa langue ? A un chercheur de ne pas avoir à rédiger ses articles dans une langue

unique, en délaissant la sienne ? Comment faire en sorte qu'une langue continue de s'enrichir de termes nouveaux au rythme de l'accroissement des connaissances ? Comment éviter que sa langue maternelle soit juste bonne à commander un café, mais que l'on doive passer à une autre langue pour suivre un cours dans l'amphithéâtre d'une université ?

L'arrivée des technologies du numérique, et des technologies de la langue en particulier, change la donne. La toile électronique facilite la production et la consultation des contenus d'information et de connaissance pour tous. Wikipedia existe dans 300 langues environ. Les réseaux sociaux impliquent l'utilisation des langues de chacun. Facebook existe dans 80 langues, et Twitter dans une vingtaine. Les progrès scientifiques ont conduit à la réalisation et à la diffusion de technologies de la langue, moteurs de recherche, systèmes de reconnaissance et synthèse vocales, traduction automatique et traduction vocale,... pour un nombre croissant de langues. Ainsi Google Translate fonctionne pour une soixantaine de langues, dont une vingtaine sur support vocal, Apple Siri pour quatre langues, Jibbigo, système de traduction vocale embarqué, pour une dizaine. Cependant ces technologies ne sont disponibles, de plus à des degrés très variables de qualité et donc d'utilisabilité, que pour une soixantaine de langues, soit 1% des langues parlées dans le monde. De nouveaux systèmes apportent des fonctionnalités plus avancées, comme le système IBM Watson de réponses aux questions qui a remporté le jeu télévisé Jeopardy aux Etats-Unis en 2011, mais qui ne fonctionne que pour la langue anglaise alors que la connaissance humaine ne saurait se réduire à celle qui a été codée dans une seule langue, et qui est le reflet d'une seule culture.

L'apport de ces technologies diminue le coût que représente le multilinguisme et, ainsi, le permet. C'est même la seule façon de le permettre. Et ce faisant, certaines d'entre elles, comme les systèmes de sous-titrage automatique avec traduction ou les correcteurs orthographiques, facilitent aussi l'apprentissage des langues.

Mais peut-on accepter que, dans le meilleur des cas, ces technologies nous soient fournies par des entreprises américaines au prix d'une gratuité qui pourrait un jour nous coûter très cher du fait de la perte de notre indépendance et de notre souveraineté ? Comment comprendre qu'une communauté d'Etats qui aimeraient pouvoir partager la richesse de leurs cultures et qui constatent que la barrière linguistique est un obstacle à leurs échanges, n'investissent pas, ne s'unissent pas, pour valoriser cette richesse et surmonter cet obstacle, sauf à penser qu'ils ne traitent pas les questions essentielles à leur union ?

Convaincre de la nécessité de développer ces technologies est cependant chose difficile. Aucun grand groupe industriel ne mettra le multilinguisme au premier rang de ses priorités, que ce soit dans les secteurs de l'automobile, de l'aéronautique, des télécommunications, de l'électronique grand public, de l'informatique, du médical ou de l'audiovisuel. Mais chacun de ces secteurs en a besoin à divers titres, et c'est la somme de ces petites priorités qui est, elle, très importante, et fait du multilinguisme une priorité majeure. Mais qui va la calculer ? Qui va l'expliquer ? Qui va réunir les acteurs pour la porter ? Seule une volonté politique communautaire peut le faire et montrer que les technologies de la langue ne sont pas qu'un thème de recherche et développement parmi d'autres, ne sont pas que des données noyées dans beaucoup d'autres, mais qu'elles sont un élément essentiel de la construction européenne, partagé par la plupart des secteurs de la Commission et par la totalité des Etats Membres.

META-NET, l'Alliance Technologique pour une Europe multilingue, est un réseau d'excellence soutenu par la Commission Européenne. Il comprend actuellement plus de 50 laboratoires de recherche parmi les meilleurs dans le domaine des sciences et technologies de la langue, dans une trentaine de pays. Il a pris l'initiative de rédiger un ensemble de Livres Blancs sur chacune des langues de ces pays, chacun rédigé dans la langue correspondante et en anglais.

La langue française est une grande langue internationale, avec une estimation de 220 millions de locuteurs de par le monde, auxquels il faut ajouter plus de 100 millions d'apprenants. Elle est une des langues officielles de l'Union Européenne et d'une trentaine de pays, ainsi que de grandes organisations internationales. Elle a longtemps figuré comme la langue préférée pour la diplomatie ou la culture, mais l'anglais l'a progressivement remplacée dans tous ces rôles. Elle est très présente sur l'internet, où elle figure au huitième rang des langues pratiquées par les internautes, devancée parmi les langues européennes par l'anglais, mais aussi par l'espagnol, le portugais et l'allemand. Langue du savoir, elle apparaît au troisième rang des langues de Wikipédia, derrière l'anglais et l'allemand. D'autres langues régionales, plus d'une soixantaine, sont également parlées en France métropolitaine comme dans les territoires d'outre-mer.

Il existe des technologies de la langue pour le traitement automatique du français, que cela concerne la langue écrite ou parlée, ou encore la langue des signes pour les malentendants. Elles regroupent les correcteurs de texte, les moteurs de recherche sur la toile, les systèmes de réponse aux questions, la reconnaissance et la synthèse automatique de la parole, le dialogue oral, la traduction automatique et la traduction vocale, mais aussi la reconnaissance du locuteur ou de la langue parlée, l'extraction d'information ou le résumé automatique.

La recherche française a bénéficié de programmes dans ce domaine, comme le programme francophone des industries de la langue (FRANCIL) de l'Association des Universités Francophones (AUF), ou le programme TechnoLangue soutenu par plusieurs ministères. Aujourd'hui, le grand programme franco-allemand Quaero sur le traitement des documents multilingues et multimédias rassemble une trentaine de partenaires industriels et académiques autour de huit projets applicatifs et du développement d'une trentaine de technologies de traitement de la langue écrite et parlée, de l'image, de la vidéo et de la musique. Il est entièrement structuré autour de l'évaluation systématique des progrès des technologies, et de la production des données nécessaires au développement et au test de ces technologies.

Tous ces projets ont permis d'investir pour produire les données nécessaires au développement des technologies pour la langue française. Cela lui permet de se placer à une excellente place dans le concert des langues européennes disposant de technologies, au sein d'un peloton qui rassemble l'allemand, l'espagnol, l'italien et le néerlandais, mais qui se trouve loin derrière l'anglais, aucune langue ne disposant par ailleurs encore de l'éventail complet des technologies de la langue à un niveau de qualité suffisant, ni des données permettant de les développer.

Les campagnes d'évaluation internationales montrent de manière objective et quantitative que les laboratoires de recherche français et les technologies qu'ils développent se situent parmi les meilleurs au monde.

Les entreprises françaises tout comme les entreprises européennes sont cependant pour la quasi-totalité des PME qui ont bien du mal à rivaliser avec les géants américains que sont Google, Apple, IBM, Microsoft ou Nuance, qui ont investi massivement dans ces technologies. Et paradoxalement, beaucoup des chercheurs de ces sociétés américaines ont été formés dans les laboratoires de recherche européens.

La situation est semblable dans les autres grands pays industrialisés où la langue française est très pratiquée, Belgique, Suisse ou Canada.

Le financement de la recherche et de l'innovation sur les technologies de la langue manque de continuité, avec des programmes coordonnés de courte durée interrompus par des périodes de financement faible ou épars, et la coordination est manquante avec les programmes existant dans d'autres Etats de l'Union Européenne ou à la Commission Européenne, alors que ce thème de recherche semble idéalement placé pour faire l'objet d'un effort transnational partagé. La situation est similaire à la Commission où la priorité accordée à ce domaine fluctue au fil des ans, et où il bénéficie tour à tour d'une attention particulière, avec un Commissaire, une Unité et une ligne de programme attitrés, puis se trouve noyé dans des agglomérats de différentes natures alors que sa spécificité dans la construction européenne est pourtant clairement identifiée.

Une directive européenne comme il en existe pour l'accès des handicapés à l'information, exprimant l'importance de lever la barrière des langues et stipulant que tout citoyen européen, quelle que soit la langue qu'il parle, doit pouvoir avoir accès à toute information produite dans l'Union Européenne, livre, journal, émission de télévision ou de radio, film, etc. quelle que soit la langue dans laquelle elle a été produite, donnerait une impulsion déterminante à ce secteur.

Un grand programme coordonné sur les Technologies de la Langue dans le cadre du prochain programme européen pour la recherche et l'innovation permettrait le multilinguisme et aiderait à sauver la langue française, dans toutes ses dimensions, tout comme les autres langues, nationales et régionales, et à faciliter les échanges culturels et commerciaux, en Europe et ailleurs.

LES LANGUES EN DANGER : UN DÉFI POUR LES TECHNOLOGIES DE LA LANGUE

Nous vivons une révolution numérique qui a un impact fort sur la communication et la société. Les développements récents des technologies de communication numérique et les réseaux sont parfois comparés à l'invention par Gutenberg de l'imprimerie. Que peut nous dire cette analogie de l'avenir de la société de l'information européenne et de nos langues en particulier ?

> Nous vivons actuellement une révolution numérique comparable à l'invention par Gutenberg de l'imprimerie.

Après l'invention de Gutenberg, de réelles avancées dans la communication ont été accomplies à travers des efforts comme la traduction par Luther de la Bible dans une langue vernaculaire. Dans les siècles suivants, des techniques culturelles ont été développées pour mieux gérer le traitement des langues et l'échange des connaissances :

- la normalisation orthographique et grammaticale des langues majeures a permis la diffusion rapide des nouvelles idées scientifiques et intellectuelles ;
- le développement des langues officielles a permis aux citoyens de communiquer au sein de certaines frontières (souvent politiques) ;
- l'enseignement et la traduction des langues ont permis des échanges entre communautés linguistiques ;
- la création de directives éditoriales et bibliographiques a assuré la qualité des matériels imprimés ;

- la création de différents médias tels que journaux, radios, télévisions, livres et autres formats satisfait les différents besoins de communication.

Au cours des vingt dernières années, les technologies de l'information ont contribué à automatiser et faciliter de nombreux processus :

- les logiciels de PAO (Publication Assistée par Ordinateur) ont remplacé la dactylographie et la composition ;
- les logiciels comme Microsoft PowerPoint remplacent les transparents de rétroprojection ;
- la fonction courrier électronique (mél) permet d'envoyer et de recevoir des documents plus rapidement qu'à l'aide d'un télécopieur ;
- Skype gère à faible coût les appels téléphoniques sur Internet et permet d'organiser des réunions virtuelles ;
- les formats de codage audio et vidéo facilitent l'échange des contenus multimédias ;
- les moteurs de recherche fournissent un accès par mots-clés aux pages Web ;
- les services en ligne comme Google Translate produisent rapidement des traductions approximatives ;
- Les plates-formes de médias sociaux telles que Facebook, Twitter et Google+, facilitent la communication, la collaboration et le partage d'informations.

Bien que ces outils et applications soient utiles, ils ne permettent pas encore d'avoir une société de l'information européenne vraiment multilingue, une société moderne et inclusive où la libre circulation des individus, des marchandises et des informations n'est plus freinée par les barrières linguistiques.

2.1 LES FRONTIÈRES LINGUISTIQUES ENTRAVENT LA SOCIÉTÉ DE L'INFORMATION EUROPÉENNE

Nous ne pouvons pas prédire précisément ce à quoi la société de l'information à venir va ressembler. Il y a cependant de fortes chances pour que la révolution dans les technologies de la communication rassemble d'une nouvelle façon les personnes qui parlent des langues différentes. Cela pousse à la fois les individus à apprendre de nouvelles langues et les développeurs à créer de nouvelles applications pour assurer une entente mutuelle et accéder à des connaissances partagées.

Dans un espace économique et informationnel global, nous sommes confrontés à des langues, des locuteurs et des contenus très nombreux.

Dans un espace économique et informationnel mondial, nous sommes confrontés à un accroissement des contacts avec des langues, des locuteurs et des contenus à travers les nouveaux types de médias. La popularité actuelle des médias sociaux et collaboratifs (Wikipédia, Facebook, Twitter, YouTube et Google+, par exemple) n'est que la face émergée de l'iceberg.

Aujourd'hui, nous pouvons transmettre des giga-octets de textes autour du monde parfois en moins de temps qu'il ne faut pour se rendre compte qu'ils sont écrits dans une langue que nous ne comprenons pas. Selon un récent rapport commandité par la Commission Européenne, 57% des utilisateurs d'Internet en Europe achètent des biens et des services dans des langues qui ne sont pas leur langue maternelle (l'anglais est la langue étrangère la plus utilisée, suivie par le français, l'allemand et l'espagnol). 55% des utilisateurs lisent des contenus dans une langue étrangère, tandis que seulement 35% utilisent une autre langue pour écrire des méls ou poster des commentaires sur le Web [2]. Il y a quelques années, la vaste majorité des contenus sur le Web étaient en anglais. Cependant, la situation a maintenant changé radicalement. La quantité de contenus en ligne dans d'autres langues (les autres langues européennes, mais aussi les langues asiatiques et l'arabe en particulier) a explosé.

Quelles sont les langues européennes qui vont prospérer ou survivre dans l'information en réseau et la société du savoir ?

Le fossé numérique omniprésent causé par les frontières linguistiques n'a étonnamment pas suscité beaucoup d'attention dans le discours public, et pourtant, il soulève une question très pressante : « Quelles langues européennes vont prospérer et persister dans la société de l'information et du savoir en réseau, et quelles sont celles qui sont susceptibles de disparaître ? »

2.2 NOS LANGUES EN DANGER

L'arrivée de l'imprimerie a contribué à un inestimable échange d'information en Europe, mais elle a aussi conduit à l'extinction de certaines langues européennes. Les langues régionales et minoritaires ont été rarement imprimées. En conséquence, des langues, comme la langue de Cornouailles ou la langue dalmate, étaient limitées par leur forme orale de transmission, ce qui a restreint leur adoption, leur diffusion et leur utilisation par rapport aux langues imprimées. L'Internet aura-t-il le même impact sur nos langues actuelles ?

La grande variété des langues en Europe est l'un de ses plus riches et plus importants atouts culturels

---

Les quelques 80 langues de l'Europe sont une composante essentielle de son modèle social unique [3]. Alors que les langues largement répandues comme l'anglais ou l'espagnol vont certainement maintenir leur présence dans la société numérique émergente et sur le marché international, beaucoup de langues européennes pourraient être coupées de la communication numérique et devenir sans importance dans une société en réseau. Cela affaiblirait la réputation mondiale de l'Europe et serait en contradiction avec l'objectif stratégique d'une participation équitable pour tous les citoyens européens indépendamment de leur langue. Selon un rapport de l'UNESCO sur le multilinguisme, les langues sont un moyen essentiel pour l'exercice des droits fondamentaux, tels que l'expression politique, l'éducation et la participation dans la société [4].

2.3 LES TECHNOLOGIES DE LA LANGUE SONT DES TECHNOLOGIES-CLÉS HABILITANTES

Dans le passé, les investissements relatifs à la sauvegarde des langues ont porté essentiellement sur l'enseignement des langues et sur la traduction. Selon certaines estimations, le marché européen pour la traduction, l'interprétation, la localisation des logiciels et la globalisation des sites Web a été de 8,4 milliards d'Euros en 2008 et on s'attend à une croissance de 10% par an [5]. Pourtant, cela ne couvre qu'une petite partie des besoins ac-

tuels et futurs permettant d'assurer une communication entre les communautés linguistiques. La seule solution pour promouvoir un usage large et entier des langues en Europe est d'utiliser les technologies qui le permettent, tout comme on utilise des technologies pour couvrir nos besoins dans les domaines de l'énergie ou des transports, entre autres.

Des technologies de la langue traitant toutes les formes de textes écrits et de discours parlés peuvent aider les individus à collaborer, à entretenir des échanges commerciaux, à partager des connaissances et à participer à des débats sociaux ou politiques indépendamment des barrières linguistiques ou des compétences informatiques. Elles opèrent souvent de façon cachée dans des logiciels complexes qui nous aident déjà aujourd'hui lorsque nous :

- trouvons des informations avec un moteur de recherche sur Internet ;
- vérifions l'orthographe et la grammaire dans un traitement de texte ;
- obtenons des recommandations de produits dans un magasin en ligne ;
- entendons les instructions verbales d'un système de navigation routière ;
- traduisons des pages Web, des méls, des blogs, etc. avec un service de traduction en ligne.

Les technologies de la langue sont des technologies habilitantes dans le cadre d'applications plus larges comme les systèmes de navigation ou les moteurs de recherche. La mission de cette collection de livres blancs réalisés par META-NET sur les langues est de déterminer les capacités de ces technologies de base pour chacune des langues européennes.

L'Europe a besoin de technologies de la langue robustes et abordables pour toutes les langues européennes.

Pour maintenir sa position à la pointe de l'innovation, l'Europe aura besoin de technologies de la langue pour toutes les langues européennes, qui soient robustes et abordables, et qui puissent être étroitement intégrées au sein des environnements logiciels clés. Sans les technologies de la langue, nous ne serons pas en mesure de donner aux utilisateurs des moyens de communiquer réellement interactifs, multimédias et multilingues dans un futur proche.

même si les récentes réalisations en R&D ont créé un éventail d'opportunités. Par exemple, la traduction automatique atteint déjà une qualité raisonnable dans des domaines spécifiques et des applications expérimentales permettent d'effectuer la fourniture d'information multilingue, la gestion des connaissances ainsi que la production de contenus dans de nombreuses langues européennes.

2.4 DES OPPORTUNITÉS POUR LES TECHNOLOGIES DE LA LANGUE

Dans le monde de l'imprimerie, l'avancée technologique a été la possibilité de reproduire rapidement l'image d'un texte en utilisant une presse d'imprimerie suffisamment puissante. Il revenait aux humains de faire le dur travail de rassembler, d'évaluer, de traduire et de résumer la connaissance. Il a fallu attendre Edison pour enregistrer la voix humaine – et cette fois encore, la technologie n'était capable que de produire des copies analogiques.

Les technologies de la langue sont une solution pour traiter le handicap lié à la diversité linguistique.

Les technologies de la langue peuvent à présent simplifier et automatiser les processus de traduction, de production de contenus, de traitement de l'information et de gestion des connaissances pour toutes les langues européennes. Les technologies de la langue peuvent également favoriser le développement d'interfaces vocales pour les appareils électroniques domestiques, les machines, les véhicules, les ordinateurs, les téléphones ou les robots. Les applications commerciales et industrielles sont encore dans les premiers stades de développement,

Les technologies de la langue représentent une formidable opportunité pour l'Union européenne. Elles peuvent aider à traiter la délicate question du multilinguisme en Europe – le fait que plusieurs langues coexistent naturellement dans les entreprises européennes, les organisations et les écoles. Les citoyens veulent cependant pouvoir communiquer en franchissant les frontières linguistiques qui existent encore dans le Marché Commun européen et les technologies de la langue peuvent aider à surmonter ce dernier obstacle, tout en soutenant une utilisation libre et ouverte de chacune des langues. Si l'on se projette encore plus loin, les technologies de la langue multilingues innovantes pour l'Europe peuvent aussi servir d'exemple à nos partenaires mondiaux lorsqu'ils s'adresseront à leurs propres communautés multilingues. Les technologies de la langue peuvent être vues comme des sortes de technologies « d'assistance » qui aident à résoudre le « handicap » de la diversité des langues et rendent les communautés linguistiques plus accessibles les unes aux autres. Finalement, un champ de recherche actif concerne l'utilisation des technologies de la langue pour les opérations de sauvetage dans les zones sinistrées [6]. Dans un tel environnement à haut risque, la précision de la traduction peut être une question de vie ou de mort : dans le futur, des robots intelligents ayant des capacités de communication interlangues auront la capacité de sauver des vies humaines.

2.5 LES DÉFIS DES TECHNOLOGIES DE LA LANGUE

Bien que les technologies de la langue aient fait des progrès considérables au cours des dernières années, le rythme actuel des progrès technologiques et des produits innovants est trop lent. Les technologies de la langue largement utilisées, comme les correcteurs orthographiques ou grammaticaux dans les traitements de texte, sont généralement monolingues, et ne sont disponibles que pour une poignée de langues. La traduction automatique en ligne, même si elle est utile pour produire rapidement une bonne approximation du contenu d'un document, génère beaucoup trop d'erreurs pour être utilisée lorsque des traductions précises et complètes sont nécessaires.

Le rythme actuel du progrès technologique est trop lent.

Du fait de la complexité du langage humain, la modélisation informatique de la langue et son expérimentation en milieu réel est une tâche longue et coûteuse qui nécessite des engagements financiers durables. L'Europe doit donc maintenir son rôle de pionnier en affrontant le défi technologique posé par une communauté multilingue en inventant de nouvelles approches pour accélérer le développement sur toute sa superficie. Cela peut faire appel à des avancées informatiques ou à des techniques comme le *crowdsourcing*.

2.6 ACQUISITION DE LA LANGUE PAR LES HUMAINS ET LES MACHINES

Pour illustrer comment les ordinateurs manipulent le langage et pourquoi il est difficile de les programmer pour traiter différentes langues, nous porterons un bref regard sur la façon dont les humains acquièrent leurs premières et deuxièmes langues, puis nous regarderons comment les technologies de la langue fonctionnent.

Les êtres humains acquièrent des compétences linguistiques de deux manières différentes. Les bébés apprennent une langue en écoutant leurs parents, leurs frères et sœurs et les autres membres de la famille communiquer entre eux. À partir de l'âge d'environ deux ans, les enfants produisent leurs premiers mots et des phrases courtes. Cela n'est possible que parce que les humains ont une prédisposition génétique particulière pour imiter, puis rationaliser ce qu'ils entendent.

Apprendre une langue seconde à un âge plus avancé requiert plus d'efforts cognitifs car l'enfant n'est pas immergé dans une communauté linguistique de locuteurs natifs. À l'âge scolaire, les langues étrangères sont généralement acquises par l'apprentissage de leur structure grammaticale, de leur vocabulaire et de leurs règles de prononciation à partir de matériel éducatif qui décrit les connaissances linguistiques en termes de règles abstraites, de tableaux et d'exemples.

Les êtres humains acquièrent les compétences linguistiques de deux manières différentes : en apprenant à partir d'exemples ou en apprenant les règles linguistiques qui les sous-tendent.

Si l'on considère à présent les technologies de la langue, on voit que les deux principaux types de systèmes « acquièrent » leurs capacités linguistiques d'une manière semblable à celles des humains. Les approches statistiques (ou « fondées sur les données ») acquièrent les connaissances linguistiques à partir de vastes collections d'exemples concrets de texte dans une seule langue ou à partir de ce qu'on appelle des *textes parallèles*. Alors qu'il est suffisant d'utiliser un texte dans une seule langue pour entraîner par exemple un correcteur orthographique, des textes parallèles dans deux (ou plusieurs) langues sont nécessaires pour entraîner un système de traduction automatique. Les algorithmes d'apprentissage modélisent la façon dont les mots, portions de phrases et phrases complètes sont traduits d'une langue à une autre.

L'approche statistique nécessite habituellement des millions de phrases pour produire des résultats de qualité raisonnable. C'est une des raisons pour lesquelles les fournisseurs de moteurs de recherche sont impatients de recueillir autant de documents écrits que possible. Certains correcteurs orthographiques dans les systèmes de traitement de textes, et les services comme *Google Search* et *Google Translate* s'appuient sur des approches statistiques.

La seconde approche pour les technologies de la langue, et la traduction automatique en particulier, est de construire des systèmes à partir de règles. Des experts de la linguistique, de la linguistique computationnelle et de l'informatique doivent d'abord coder l'analyse grammaticale (ou les règles de traduction) et compiler des listes de vocabulaire (lexiques). Cela est très fastidieux, demande beaucoup de travail et n'offre aucune garantie de couverture suffisante des phénomènes de la langue. Certains des meilleurs systèmes de traduction automatique à base de règles sont en constant développement depuis plus de vingt ans. Le grand avantage des systèmes à base de règles est que les experts peuvent contrôler de manière plus détaillée le traitement du langage. Cela rend possible de corriger systématiquement les erreurs dans le logiciel et de formuler un retour détaillé à l'utilisateur,

surtout lorsque les systèmes à base de règles sont utilisés pour l'apprentissage des langues. Cependant, en raison du coût élevé de cette tâche, les technologies de la langue à base de règles n'ont été développées que pour les principales langues.

Les deux principaux types de systèmes de traitement automatique de la langue apprennent le langage d'une manière semblable à celle des humains.

Étant donné que les avantages et inconvénients des systèmes statistiques ou à base de règles tendent à être complémentaires, les recherches actuelles s'orientent vers des approches hybrides qui combinent les deux méthodologies. Cependant, ces approches ont jusqu'à présent eu moins de succès dans les applications industrielles que dans les laboratoires de recherche.

Comme nous l'avons vu dans ce chapitre, beaucoup d'applications largement utilisées dans la société de l'information d'aujourd'hui dépendent fortement des technologies de la langue, en particulier dans l'espace économique et informationnel européen. Bien que ces technologies aient fait des progrès considérables ces dernières années, il y a encore une énorme marge pour améliorer leur qualité. Dans le prochains chapitres, nous décrirons le rôle du français dans la société de l'information européenne, et évaluerons l'état des technologies de la langue pour le français.

LA LANGUE FRANÇAISE DANS LA SOCIÉTÉ DE L'INFORMATION EUROPÉENNE

3.1 LE FRANÇAIS : UNE LANGUE INTERNATIONALE ET LA LANGUE NATIONALE DE LA FRANCE

Avec 128 millions de « locuteurs natifs et réels » dans le monde entier [7] et une estimation de près de 300 millions de personnes parlant français en tout [8], le français n'apparaît que comme la 16ème langue maternelle la plus parlée [9], mais comme la 6ème langue la plus parlée dans le monde, après l'anglais, le chinois (mandarin), l'espagnol, l'hindi et le russe [10]. En Europe, on estime que 129 millions de personnes parlent le français, ce qui en fait la 3ème langue seconde la plus parlée, après l'anglais et l'allemand [8]. Le français est classé deuxième après l'anglais comme langue officielle dans près de 30 pays à travers le monde, notamment en Europe (France (65 millions de locuteurs), Belgique (7 millions de locuteurs), Suisse (3 millions de locuteurs) et Luxembourg), en Afrique, au Canada et en Haïti [11] (voir 3.7). Tous les pays ayant en partage le français constituent la Francophonie, portefeuille qui est attribué à un ministre du gouvernement français.

Si l'on considère le nombre de traductions dans le monde entier, d'après une étude de l'UNESCO, il est classé 2ème en tant que langue source (toutefois loin derrière l'anglais), et 3ème en tant que langue cible, après l'allemand et l'espagnol [12]. Ceci peut être interprété comme le fait que la production de biens intellectuels en français est importante et intéressante pour les non-francophones, et qu'elle couvre déjà une quantité relativement importante des besoins des francophones.

Le français apparaît formellement dans la Constitution comme la langue officielle de la France depuis 1992, mais est considéré comme telle depuis 1539. Afin de tenir compte de la *Charte européenne des langues régionales ou minoritaires*, il a également été ajouté en 2009 dans la Constitution que les langues régionales parlées en France font partie de son patrimoine culturel. Aujourd'hui, plusieurs écoles primaires sont bilingues, en français et dans une langue régionale, comme en Bretagne ou en Corse.

L'Académie Française a été créée en 1635 comme l'organisme ayant priorité pour traiter des questions liées à la langue française, y compris la production et la pérennisation d'un dictionnaire de référence stable. Bien que son travail n'ait pas vraiment d'impact sur l'utilisation du français dans le monde, il en résulte un contrôle des néologismes, à travers sa participation à la Commission Générale de Terminologie et Néologie, si l'on compare à la situation de la langue anglaise, ou même de la langue française parlée au Canada. En ce qui concerne le rayonnement de la langue française dans le monde, la Fondation Alliance Française est une organisation dont la mission est de promouvoir la langue et la culture françaises hors de France, avec près de 1000 représentations de l'Alliance Française et 500.000 étudiants dans 135 pays aux quatre coins du monde [13].

Le Conseil Supérieur de la Langue Française (CSLF) [14] a pour mission de conseiller le gouvernement sur toute question concernant l'utilisation de la langue française. Il est présidé par le Premier Ministre et comprend environ 25 membres, y compris les ministères en charge de l'Éducation et de la Francophonie, le Secrétaire Perpétuel de l'Académie Française et de l'Académie des Sciences et le président de la Commission Générale de Terminologie et Néologie. Des conseils similaires existent en Belgique [15] et au Québec [16].

La Délégation Générale à la Langue Française (DGLF) [17] est devenue Délégation Générale à la Langue Française et aux Langues de France (DGLFLF) en 2001. Formellement rattachée au Ministère de la Culture et de la Communication, sa mission est d'élaborer les politiques concernant les langues en relation avec tous les ministères, tant pour la langue française que pour les quelques 80 langues parlées en France (y compris en outre-mer : voir 3.8). La DGLFLF a organisé les États-généraux du multilinguisme en 2008 et les États-généraux du multilinguisme en Outre-Mer en 2011.

La France a toujours fermement défendu la langue française sur la scène internationale, que ce soit en tant que telle (elle était avant le milieu du 20ème siècle la langue prééminente de la diplomatie), ou dans le cadre du multilinguisme [18]. La constitution française dit que la langue de la République française est le français. Les informations aux consommateurs et la publicité doivent être en français ou avoir une traduction française, et tout participant à un débat scientifique en France a le droit de s'exprimer en français. Dans toute entreprise, les employés doivent être libres d'utiliser le français et doivent avoir accès en français aux systèmes bureautiques. Tous les services audio-visuels qui diffusent en France sont tenus d'utiliser la langue française. Les radios doivent inclure un quota de contenus en français, alors que la télévision peut intégralement être diffusée en langue étrangère. Seuls les sites Web officiels sont tenus d'utiliser le français sur Internet. Dans le même temps, la législation vise à promouvoir le plurilinguisme : lorsqu'une administration traduit des informations destinées au public, cela doit être fait au moins dans deux langues étrangères, et la loi prévoit également l'apprentissage de deux langues autres que le français dans l'enseignement.

En 2011, le français est l'une des 23 langues officielles de l'Union européenne et l'une des trois principales langues de travail de la Commission Européenne, avec l'anglais et l'allemand. Cependant, son utilisation est fortement en baisse [19]. En 2001, 56,8% des pages traitées par la Commission européenne étaient en anglais, comparativement à 29,8% pour le français [8]. Côté traduction, le français est 2ème après l'anglais et devant l'allemand, à la fois comme langue source et langue cible, mais, si l'on considère les langues sources, le pourcentage de traductions à partir de l'anglais augmente de 45% à 72% entre 1997 et 2007, alors qu'il diminue dans une proportion énorme pour le français de 40% à 12%, qu'il baisse pour l'allemand de 5% à 3%, mais qu'il augmente de 8% à 13% pour les 20 autres langues officielles de l'UE [5].

Le français est aussi une langue de travail à l'OCDE (Organisation de Coopération et de Développement Économiques), au siège des Nations Unies (y compris l'UNESCO et l'OIT (Organisation Internationale du Travail), avec l'anglais, l'espagnol, le russe, le chinois mandarin et l'arabe), une des trois langues des Jeux Olympiques, avec l'anglais et la langue du pays organisateur, l'une des trois langues officielles, avec l'anglais et l'allemand, à l'Office Européen des Brevets (OEB), et l'une des quatre langues de travail de l'Union Africaine, avec l'arabe, l'anglais et le portugais.

3.2 SOUTENIR LE MULTILINGUISME POUR SOUTENIR LE FRANÇAIS

Durant sa présidence de l'Union européenne, la France a pris l'initiative d'organiser les États-généraux du Multilinguisme à Paris en Septembre 2008. Cet événement a attiré environ 1000 participants à La Sorbonne, y compris le Commissaire Européen chargé du multilinguisme et plusieurs ministres européens. Ces États-Généraux étaient accompagnés d'une note de la présidence française au Conseil Européen sur le thème « Multilinguisme, traduction et dialogue interculturel » et, en Novembre 2008, par une résolution du Conseil européen sur une stratégie européenne sur le multilinguisme, qui encourage spécifiquement

> « le développement des technologies du langage, en particulier dans le domaine de la traduction et de l'interprétation, d'une part en favorisant la coopération entre la Commission, les États membres, les autorités locales, les organismes de recherche et l'industrie, et d'autre part en assurant la convergence entre les programmes de recherche, l'identification des domaines d'application et le déploiement des technologies dans toutes les langues de l'UE » [20].

Cette résolution n'a pas encore porté ses fruits.

3.3 LES DIFFICULTÉS ET LES JOIES DE LA LANGUE FRANÇAISE

Le français est une langue latine, avec l'italien, l'espagnol, le catalan, le portugais et le roumain. Elles sont toutes représentées dans l'organisme de coopération qu'est l'Union Latine [21]. Le français n'est généralement pas considéré comme une langue très « difficile » à apprendre pour les locuteurs de langues non romanes, mais bien le parler et bien l'écrire – compétences très appréciées par les français – demande un certain effort. Selon la langue maternelle du locuteur, les difficultés typiques rencontrées par les apprenants de langue seconde comprennent la prononciation des nombreuses voyelles (en particulier les voyelles nasales), la conjugaison des verbes, le doublement éventuel des consonnes, l'utilisation correcte du subjonctif, et le décalage considérable entre l'orthographe et la prononciation, qui rend difficile l'épellation des mots (comme cela est également vrai pour l'anglais mais pas pour l'italien ou le roumain, par exemple). La langue française présente de nombreuses difficultés telles que le genre des mots ou leur orthographe, qui est suffisamment complexe pour que les Français organisent des concours de dictée (voir aussi la très complexe « Dictée de Mérimée »).

Dans le même temps, le français présente l'avantage d'une longue tradition de langue seconde favorite et de langue de la diplomatie et de la culture à travers l'Europe, la Russie et les Amériques depuis le 18ème siècle. Le français écrit tend à nominaliser plutôt qu'à verbaliser les concepts, ce qui en fait un puissant moyen de l'argumentation et de l'explication juridique et technique où la clarté et l'absence d'ambiguïtés sont primordiales.

Les Français aiment aussi jouer avec leur langue. On peut se référer à l'Oulipo [22], au verlan [23], au Slam [24] ou plus généralement à l'usage de la langue française dans les arts [25]. Jean Véronis, chercheur en traitement automatique des langues, a obtenu un énorme succès avec un blog [26] intitulé « Technologies du Langage » consacré à l'analyse linguistique dans divers domaines, et surtout en politique, qui a été classé 1er blog scientifique en France en 2011, et comprend des données intéressantes telles que l'étude de la langue des hommes politiques français (voir figure 1).

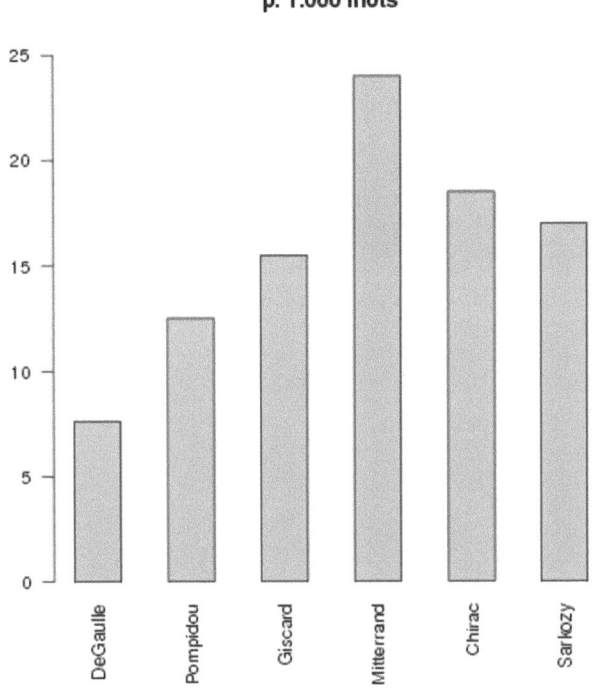

p. 1.000 mots

1 : Fréquence d'utilisation du mot « Je » dans les discours des Présidents de la République Française successifs

3.4 LE FRANÇAIS DANS LE CYBERESPACE

Le français est désormais très présent sur Internet, et était classé 8ème fin 2009 (voir figure 2) avec 57 millions d'internautes dans le monde qui le pratiquent [27].

Le français est très actif et présent dans les projets encyclopédiques participatifs comme Wikipedia (1,19 M d'articles en janvier 2012), juste derrière l'allemand (1,34 M d'articles) mais loin derrière l'anglais (3,84 M d'articles) [28].

Une loi sur l'accessibilité a été votée en 2005 qui rend obligatoire de fournir un accès à l'information pour les personnes handicapées, avec une extension à l'information numérique (e-Accessibilité) en 2009 [29]. Cela nécessiterait l'utilisation de technologies de la langue transmédia, comme la synthèse vocale pour les aveugles, ou la génération en Langue des Signes pour les sourds.

3.5 QUEL EST LE POIDS DU FRANÇAIS ?

Plusieurs études ont été menées sur la place de la langue française dans le monde. Dans l'ouvrage *Le poids des Langues* [30], A. Calvet et L.J. Calvet proposent de définir un indice de mesure de ce poids, qui pourrait inclure le nombre de locuteurs, en première ou deuxième langue, le nombre de locuteurs étrangers, le nombre de pays où elle est une des langues officielles, le nombre de traductions (en tant que langue source ou langue cible), sa présence sur le cyberespace (contenu et accès), mais aussi le nombre de livres publiés ou le nombre de prix Nobel de littérature. Sans surprise, le français obtient un bon classement en fonction de cet indice, juste derrière l'anglais.

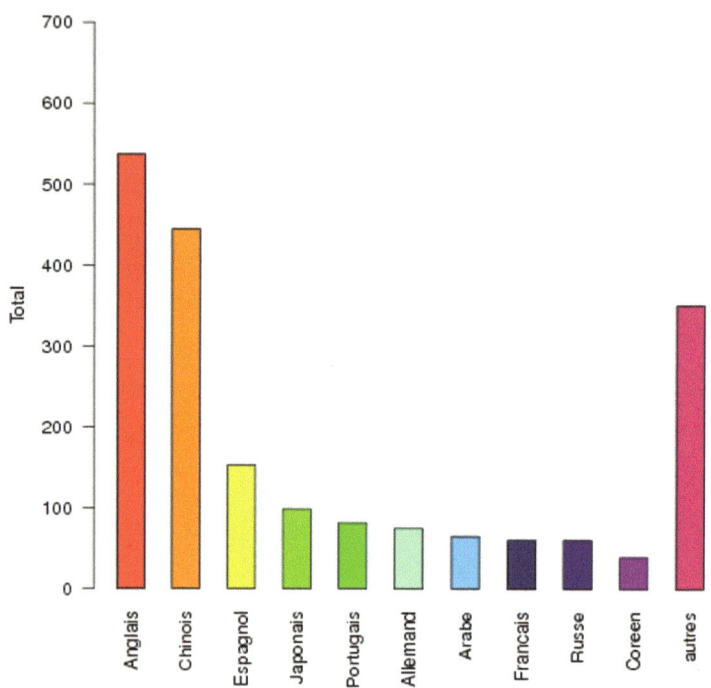

2 : Les 10 langues les plus pratiquées sur Internet fin 2009 (en millions d'usagers) [27]

3.6 PAS DE MULTILINGUISME SANS TECHNOLOGIES DE LA LANGUE

Le français a le statut de langue internationale, même s'il a perdu beaucoup de sa suprématie avec la prépondérance croissante de l'anglais (ou du globish, Global English) comme « lingua franca » (!) internationale [31]. Le français apparaît encore comme une langue officielle dans de nombreux pays et de nombreuses organisations internationales. Cependant, avec la mondialisation, la suprématie de l'anglais peut conduire à une position monopolistique dans l'économie et la culture, qui aurait de fortes conséquences politiques. De nombreuses réunions ont maintenant lieu en anglais, et de nombreux documents sont produits uniquement en anglais. Certains groupes industriels français demandent à leurs employés de parler et d'écrire en anglais, et certains cours dans l'enseignement supérieur sont enseignés en anglais. Le salut du français, comme pour de nombreuses autres langues, passe par le multilinguisme, qui peut dans le même temps préserver les cultures individuelles et permettre de communiquer entre personnes parlant des langues différentes. Cependant, le coût du multilinguisme est énorme, tant en termes de financement qu'en termes de charge de travail. Les technologies de la langue apparaissent comme le seul moyen de permettre le multilinguisme, en réduisant ces coûts et cette charge de travail, et de sauver les langues menacées, dont le français à long terme.

3.7 LA LANGUE FRANÇAISE DANS LE MONDE

Le français est parlé dans de nombreux pays autour du monde [8].

Europe

Andorre : Le catalan est la seule langue officielle d'Andorre ; cependant le français est couramment utilisé du fait de la proximité de la France.

Belgique : En Belgique, le français est la langue officielle du Pays Wallon (à l'exclusion des canton de l'Est, qui parlent allemand) et une des deux langues officielles (avec le flamand) de la région Bruxelles-Capitale.

Italie : Le français est une des deux langues officielles, avec l'Italien, de la petite région de la Vallée d'Aoste en Italie.

Luxembourg : Le français est une des trois langues officielles du Grand Duché de Luxembourg, à côté de l'Allemand et du Luxembourgeois.

Monaco : Bien que le monégasque soit la langue nationale de la Principauté de Monaco, le français est la seule langue officielle.

Suisse : Le français est l'une des quatre langues officielles de la Suisse (avec l'allemand, l'italien et le romanche).

Le Royaume Uni et les Iles anglo-normandes : Le français est la langue officielle à Jersey comme à Guernesey.

Amérique du Nord et du Sud

Canada : Le français est la deuxième langue la plus répandue au Canada, après l'anglais, et les deux sont des langues officielles au niveau fédéral. Le français est la seule langue officielle dans la province du Québec, où elle est la langue maternelle de quelque 6 millions de personnes. Le Nouveau-Brunswick, où environ un tiers de la population est francophone, est la seule province officiellement bilingue. Des portions de l'Est et du Nord-Est de l'Ontario, la Nouvelle-Écosse et le Manitoba ont d'importantes minorités françaises, mais son statut comme langue officielle dans ces provinces et le niveau des services francophones varient. De petites poches de locuteurs français existent dans toutes les autres provinces.

Haïti : Le français est l'une des deux langues officielles d'Haïti, avec le créole haïtien.

Départements et Territoires français d'Outre Mer en Amérique : Le français est la langue officielle des départements et territoires français d'Outre Mer : Guyane française, Guadeloupe, Martinique, Saint Barthélemy, Saint Martin et Saint-Pierre et Miquelon.

États-Unis : Le français est la quatrième langue la plus parlée aux États-Unis, après l'anglais, l'espagnol et le chinois, et la seconde langue la plus parlée dans les états de Louisiane, du Maine, du Vermont et du New Hampshire. La Louisiane est le foyer de nombreux dialectes distincts, dont le français cajun a le plus grand nombre de locuteurs. Selon le recensement américain de 2000, il y a plus de 194.000 personnes en Louisiane qui parlent français à la maison.

Brésil : La langue française était parlée au Brésil, pendant une brève période, lors des tentatives coloniales de la France en Antarctique et en France équinoctiale (Guyane). Aujourd'hui, la communauté indigène Karipuna (près de 30.000 personnes) d'Amapá, au nord du Brésil parle un créole français, le Lanc-Patua, éventuellement lié à la langue créole de Guyane française.

Afrique

Une majorité de la population mondiale d'expression française vit en Afrique. Selon le rapport 2007 de l'Organisation Internationale de la Francophonie, quelques 115 millions de personnes dans 31 pays africains francophones peuvent s'exprimer en français en tant que première ou deuxième langue. En raison de la hausse de l'usage du français en Afrique, la population totale de langue française devrait atteindre 700 millions de personnes en 2050.

Le français est une langue officielle dans de nombreux pays africains, la plupart des anciennes colonies françaises ou belges : Bénin, Burkina Faso, Burundi, Cameroun, République centrafricaine, Tchad, Comores, République du Congo, Côte d'Ivoire, République démocratique du Congo, Djibouti, Guinée équatoriale, Gabon, Guinée, Madagascar, Mali, Niger, Rwanda, Sénégal, Seychelles et Togo. En outre, le français est une langue administrative et couramment utilisée, mais pas avec un statut officiel, à Maurice et dans les états du Maghreb : Algérie, Mauritanie, Maroc et Tunisie.

Départements et Territoires français d'Outre Mer en Afrique : Le français est aussi la langue officielle de Mayotte et de La Réunion, deux territoires d'outre-mer de la France situés dans le Sud-Ouest de l'Océan Indien.

Asie

Asie du Sud-Ouest : L'arabe est la langue officielle du Liban, alors qu'une loi spéciale réglemente l'usage du français. Le français est considéré comme une langue seconde par le peuple libanais et est largement utilisé, notamment à des fins administratives. Il est enseigné dans de nombreuses écoles comme langue seconde avec l'arabe et l'anglais. Comme au Liban, le français était langue officielle en Syrie jusqu'en 1943. Il y a aussi un nombre important de personnes parlant français dont c'est la langue maternelle ou la langue seconde.

Asie du Sud-Est : Le français est une langue administrative au Laos et au Cambodge, bien que son influence ait décliné au cours de ces dernières années. Dans le Vietnam colonial, les élites parlaient français, et beaucoup de ceux qui travaillaient pour les Français parlaient un créole français connu sous le nom de « Tầy Boi » (aujourd'hui disparu). Dans le sud de la Chine, le français était également parlé par l'élite dans le territoire du Guangzhouwan, loué à la France.

Inde : Le français a un statut officiel *de jure* dans le territoire de l'Union indienne de Pondichéry, avec les langues régionales tamoul et telugu. Le français est également enseigné dans les écoles de Chandernagor (une ancienne colonie française dans le Bengale occidental).

Océanie/Australasie

Le français est une langue officielle de la nation de Vanuatu dans les îles du Pacifique, où 45% de la population peut s'exprimer en français. Dans le territoire français de Nouvelle-Calédonie, 97% de la population peut parler, lire et écrire le français. Dans le territoire français de Wallis et Futuna, 78% de la population peut parler, lire et écrire le français.

3.8 LES LANGUES PARLÉES EN FRANCE

De nombreuses langues sont parlées en France [8].

France métropolitaine : *Langues Régionales :* Alsacien, Basque, Breton, Catalan, Corse, Flamand occidental, Francique mosellan, Franco-provençal, Langues d'oïl (Franc-comtois, Wallon, Champenois, Picard, Normand, Gallo, Poitevin-saintongeais [avec deux variétés : Poitevin et Saintongeais], Lorrain, Bourguignon-morvandiau), Parlers d'oc ou Occitan (Gascon, Languedocien, Provençal, Auvergnat, Limousin, Vivaro-alpin). *Langues non-territoriales :* Arabe dialectal, Arménien occidental, Berbère, Judéo-Espagnol, Romani, Yiddish.

Outre-Mer : *Zone caribéenne : Créole à base lexicale française :* Guadeloupéen, Guyanais, Martiniquais. *Créole bushinenge en Guyane (à base lexicale anglo-portugaise) :* Saramaca, Aluku, Njuka, Paramaca. *Langues amérindiennes en Guyane :* Galibi (ou Kalina), Wayana, Palikur, Arawak (ou Iokono), Wayampi, Emerillon ; Hmong.

La Réunion : Créole réunionnais (à base lexicale française).

Nouvelle Calédonie : 28 langues kanaks. *Grande Terre :* Nyelâyu, Kumak, Caac, Yuaga, Jawe, Nemi, Fwâi, Pije, Pwaamei, Pwapwâ, langue Voh-Koné, Cèmuhi, Paicî, Ajië, Arhâ, Arhö, ôrôwe, Neku, Sîchë, Tîrî, Xârâcùù, Xaragurè, Drubéa, Numèè. *Iles Loyauté :* Nengone, Drehu, Iaai, Fagauvea.

Polynésie française : Tahitien, Marquisien, langues de Tuamotu, langue Mangarévienne, langues des Iles Australes : langue Ra'ivavae, Rapa, Ruturu.

Iles Wallis et Futuna : Wallisien, Futunien.

Mayotte : Mahorais, Malgache de Mayotte.

Langue des signes française (LSF)

LES TECHNOLOGIES DE LA LANGUE POUR LE FRANÇAIS

4.1 LES TECHNOLOGIES DE LA LANGUE

Les technologies de la langue sont des technologies de l'information qui sont spécialisées pour traiter le langage humain. Par conséquent, ces technologies sont souvent regroupées sous le terme de « technologies du langage humain ». Les technologies de la langue sont un domaine de recherche établi et reconnu, pour lequel il existe de nombreux textes introductifs. Le lecteur pourra par exemple se référer à [32, 33].

Le langage humain est produit sous forme orale, écrite ou signée. Alors que la parole est le mode le plus ancien et le plus naturel de communication langagière, une information complexe et la plupart des connaissances humaines sont maintenues et transmises dans des textes écrits. Les technologies de la langue écrite et orale traitent ou produisent le langage dans ces deux modes de réalisation. Mais la langue a aussi des aspects qui sont partagés pour la parole et le texte comme les dictionnaires, la plus grande partie de la grammaire ou le sens des énoncés. Ainsi une grande partie des technologies de la langue ne peut être subsumée sous forme de traitement de la parole ou du texte. Parmi celles-ci sont les technologies qui lient la langue et la connaissance. La figure 3 illustre le paysage des technologies de la langue. Pour communiquer, nous mélangeons la langue avec d'autres modes de communication et d'autres médias d'information. Nous combinons la parole avec les

gestes et les expressions faciales. Les textes numériques sont combinés avec des images et des sons. Les films font apparaître la langue sous sa forme parlée et écrite. Ainsi les technologies de la parole et du texte se chevauchent et interagissent avec de nombreuses autres technologies qui facilitent le traitement de la communication multimodale et des documents multimédias. La langue des signes permet la communication des personnes atteintes de surdité.

4.2 LES ARCHITECTURES DES APPLICATIONS EN TECHNOLOGIES DE LA LANGUE

Les applications logicielles typiques du traitement du langage consistent en plusieurs éléments qui reflètent les différents aspects de la langue et de la tâche qu'ils mettent en œuvre. La figure 4 affiche une architecture très simplifiée que l'on peut trouver dans un système d'analyse de texte. Les trois premiers modules traitent de la structure et de la signification du texte en entrée :

- Prétraitement : nettoyage des données, en supprimant le formatage, détection de la langue d'entrée, etc.
- Analyse grammaticale : trouver le verbe et ses objets, modifieurs, etc. ; détecter la structure de la phrase.
- Analyse sémantique : désambiguïsation (quel est le bons sens de « pomme », suivant le contexte ?), ré-

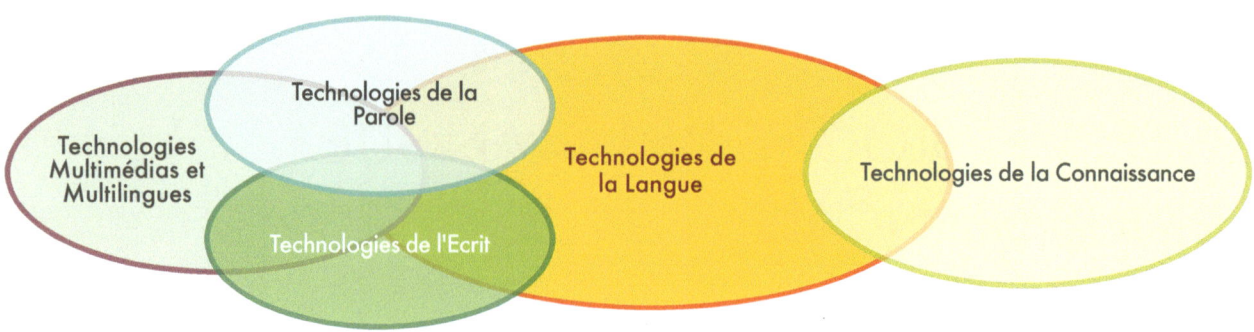

3 : Les technologies de la langue

solution d'anaphores et d'expressions référentielles comme « elle », « la voiture », etc. ; représentation du sens des énoncés d'une manière lisible par une machine.

Des modules spécifiques à la tâche effectuent alors différentes opérations telles que le résumé automatique d'un texte, la consultation d'une base de données et bien d'autres. Nous allons illustrer ci-dessous les domaines d'application génériques et mettre en évidence leurs modules de base. Encore une fois, les architectures des applications sont très simplifiées et idéalisées, pour illustrer la complexité des applications des technologies de la langue de manière compréhensible.

Après avoir présenté les domaines d'application de base, nous donnerons un bref aperçu de la situation concernant les technologies de la langue pour le français, avec un aperçu des programmes de recherche passés et en cours. À la fin de cette section, nous présentons une estimation de la situation concernant les outils de base et les ressources selon un certain nombre de critères tels que la disponibilité, la maturité, ou la qualité. Ce tableau vise à donner un aperçu brut et global de la situation des technologies de la langue pour le français.

4.3 DOMAINES D'APPLICATION GÉNÉRIQUES

4.3.1 Correcteur de texte

Toute personne utilisant un outil de traitement de texte comme Microsoft Word a fait usage d'un outil de vérification orthographique qui indique les erreurs d'or-

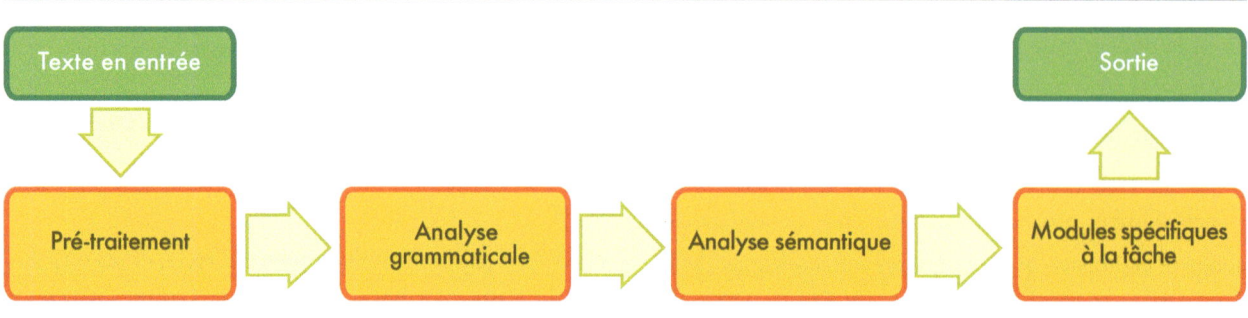

4 : Architecture type pour une chaîne de traitement textuel

thographe et propose des corrections. 40 ans après la sortie du premier programme de correction orthographique conçu par Ralph Gorin, les correcteurs orthographiques d'aujourd'hui (voir la figure 5) ne se contentent pas de comparer la liste des mots extraits par rapport à un dictionnaire de mots correctement orthographiés, mais sont devenus plus sophistiqués. En plus des algorithmes dépendants de la langue pour traiter **la morphologie** (formation du pluriel, par exemple), certains sont maintenant capables de reconnaître des erreurs de syntaxe simples, comme un verbe manquant ou un verbe qui n'est pas en accord avec son sujet en personne ou en nombre ; par exemple, dans « Elle *écris une lettre ». Cependant, pour d'autres types d'erreurs communes, les méthodes actuellement utilisées ne sont pas suffisantes. Prenons par exemple le premier verset d'un poème de Jerrold H. Zar [34] :

> *Eye have a spelling chequer,*
> *It came with my Pea Sea.*
> *It plane lee marks four my revue*
> *Miss Steaks I can knot sea.*

La plupart des correcteurs orthographiques disponibles (y compris MS Word) ne trouveront pas d'erreurs dans ce poème, car ils ont surtout regardé les mots isolément. Toutefois, pour détecter les erreurs que l'on appelle homophones (par exemple « Eye » au lieu de « I »), le vérificateur de la langue doit prendre en considération le contexte dans lequel survient le mot.

Ceci nécessite soit la formulation **de règles de grammaire** spécifiques à la langue, c'est-à-dire à un degré élevé d'expertise et de travail manuel, soit l'utilisation d'un **modèle de langage statistique** pour calculer la probabilité d'un mot particulier en fonction des mots précédents et suivants. Pour une approche statistique, généralement basée sur des n-grammes, une grande quantité de données linguistiques (donc **un corpus**) est nécessaire pour obtenir suffisamment de données statistiques.

Jusqu'à présent, ces approches ont surtout été développées et évaluées sur des données en langue anglaise. Cependant, elles ne sont pas nécessairement facilement transférables vers d'autres langues, par exemple celles qui sont très flexionnelles ou les langues autorisant une certaine liberté dans l'ordre des mots comme l'allemand. Pour ces langues plus complexes, un correcteur orthographique avancé de haute précision peut exiger le développement de méthodes plus sophistiquées, impliquant une analyse linguistique plus profonde.

L'utilisation de correcteurs n'est pas limitée aux outils de traitement de texte ; ils sont également utilisés dans **les systèmes d'aide aux auteurs**, c'est-à-dire dans des environnements logiciels où des manuels et autres documents sont écrits dans des formats standardisés dans les domaines de l'informatique, de la santé, de l'ingénierie et des produits en général. Parce qu'elles craignent les réclamations de leurs clients relatives à une utilisation incorrecte et les poursuites pour des dommages liés à un mode d'emploi peu compréhensible, les sociétés sont de plus en plus attentives à la qualité de leur documentation technique, tout en visant un marché international à l'aide de la traduction ou de la localisation. Les avancées du traitement du langage naturel ont conduit au développement de logiciels de soutien aux auteurs qui aident le rédacteur de documentation à utiliser un vocabulaire et des structures de phrases qui soient en accord avec les règles de l'industrie et ses contraintes terminologiques, ou qui soient simples à comprendre par un étranger ou bien faciles à traduire.

A côté du traitement de texte et de l'aide aux auteurs, les correcteurs servent aussi dans le domaine de l'apprentissage des langues assisté par ordinateur. Ils sont également appliqués aux requêtes pour les corriger automatiquement et les envoyer aux moteurs de recherche (voir les suggestions « *Did you mean ... ?* » de Google).

En France, la société Synapse Développement commercialise un correcteur orthographique et grammatical de

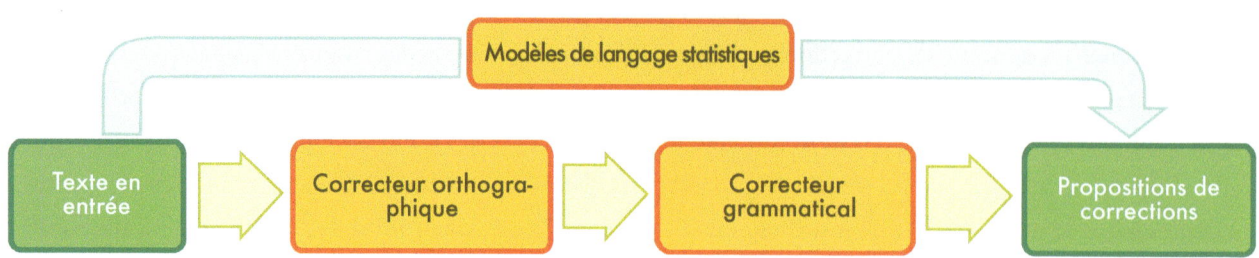

5 : Architecture type de correcteur de texte, à base de règles (flèches jaunes) ou statistique (flèche bleue)

bonne qualité pour le français (Cordial, qui est aussi en ligne sur le site de Reverso). Il existe aussi les correcteurs Antidote de Druide Informatique et Prolexis des Éditions Diagonal.

4.3.2 Recherche sur le Web

Le moteur de recherche (voir la figure 6 pour une architecture type) de Google, qui a été lancé en 1998, est aujourd'hui utilisé pour environ 80% de toutes les requêtes de recherche dans le monde entier [35], et est également très populaire en France. Ni l'interface de recherche, ni la présentation des résultats récupérés n'ont considérablement changé depuis la première version. Dans la version actuelle, Google propose une correction orthographique pour les mots mal orthographiés et aussi, depuis 2009, incorpore des fonctionnalités de recherche sémantique dans leur mélange algorithmique [36], ce qui peut améliorer la précision de la recherche en analysant le sens des termes de la requête dans son contexte. L'histoire du succès de Google montre que, avec beaucoup de données à portée de main et des techniques efficaces pour **l'indexation** de ces données, une approche essentiellement statistique peut conduire à des résultats satisfaisants.

Cependant, pour un besoin d'information plus sophistiqué, intégrer des connaissances linguistiques plus profondes est essentiel. En particulier, si une requête de recherche se compose d'une question ou d'une phrase complète, plutôt que d'une liste de mots-clés, la récupé-

ration des réponses pertinentes à cette requête nécessite une analyse de cette question ou de cette phrase sur un plan syntaxique et sémantique ainsi que la disponibilité d'un index qui permette une récupération rapide des documents pertinents.

Imaginez par exemple un utilisateur qui saisit la requête « Donne-moi une liste de toutes les entreprises qui ont été reprises par d'autres sociétés au cours des cinq dernières années ». Une simple approche fondée sur les mots-clés ne nous mènera pas très loin.

Élargir les termes de la requête à l'aide de synonymes, par exemple en utilisant une ressource linguistique ontologique comme le WordNet de l'université de Princeton, peut améliorer les résultats. Cependant, pour obtenir une réponse satisfaisante, **une analyse** plus approfondie **de la requête** est nécessaire. Par exemple, en appliquant un analyseur syntaxique pour analyser la structure grammaticale de la phrase, nous pouvons déterminer que l'utilisateur est à la recherche d'entreprises qui en ont racheté d'autres et non d'entreprises qui ont été rachetées. Nous avons également besoin de traiter l'expression « les cinq dernières années » pour savoir à quelles années elle réfère.

Enfin, la requête doit être traitée en correspondance avec une quantité massive de données non structurées afin de trouver l'information ou des éléments d'information que l'utilisateur cherche. Cela implique **l'obtention** et **le classement** des documents pertinents. En outre, pour générer une liste d'entreprises, nous avons égale-

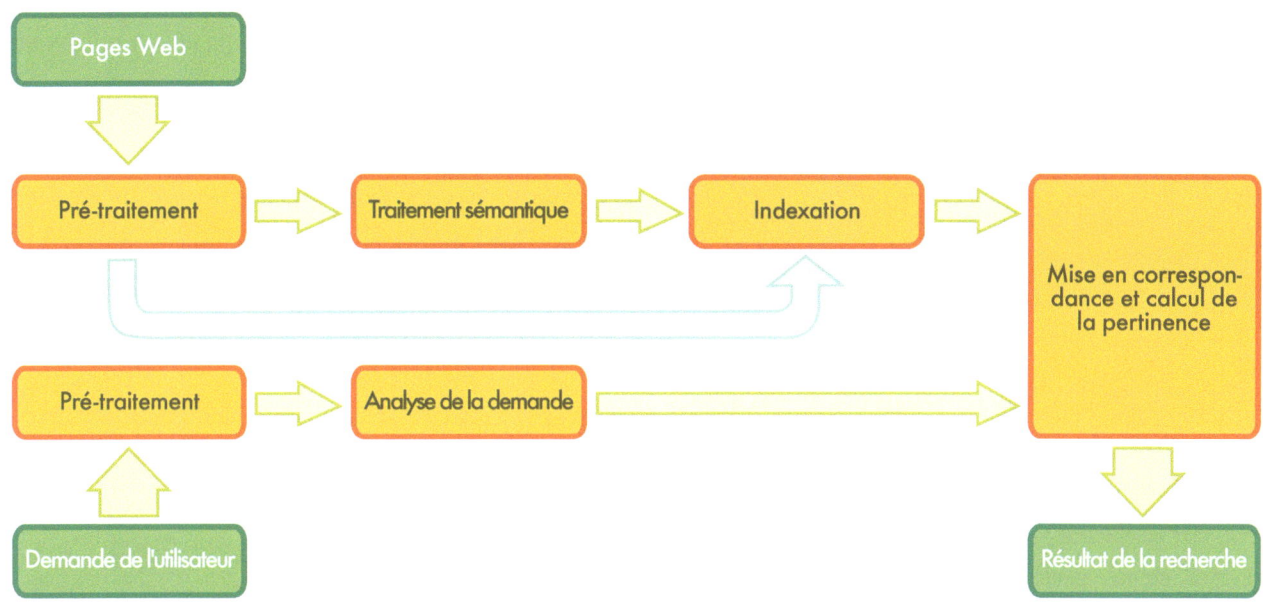

6 : Architecture type de moteur de recherche Web

ment besoin d'extraire l'information qu'une chaîne particulière de mots dans un document se réfère à un nom de société. Ce genre d'information est étiqueté en utilisant un système de reconnaissance d'**Entités Nommées**.

Nous faisons face à un défi supplémentaire si nous voulons faire correspondre une requête aux documents rédigés dans une langue différente. Pour **une recherche interlingue**, nous devons traduire automatiquement la requête dans toutes les langues sources possibles et cartographier les informations récupérées en retour dans la langue cible. Encore une fois, cela nécessite une analyse linguistique de tous les textes impliqués.

Pour les utilisateurs ayant un besoin d'informations très spécialisées, une expansion de la requête peut nécessiter des ressources supplémentaires comme des connaissances d'une ontologie spécifique au domaine, représentant les concepts pertinents dans le domaine et les relations entre ces concepts.

La part croissante de données disponibles dans des formats non-textuels entraîne également la demande de services de **recherche multimédia** permettant, par exemple, de rechercher des informations sur les images et les données audio et vidéo. Pour les fichiers audio et vidéo, cela implique un module de **reconnaissance vocale** pour convertir la parole en texte ou en une représentation phonétique, à laquelle les requêtes des utilisateurs peuvent être appariées.

En France, la société Exalead a développé avec succès et fait la démonstration en 2010 de l'application Voxalead News [37] de recherche multimédia en 6 langues (français, anglais, espagnol, chinois mandarin, arabe et russe), peu de temps avant Google.

4.3.3 Traitement de la parole

Le traitement du langage parlé fait partie du traitement des langues, bien que les communautés travaillant sur la linguistique computationnelle et sur la communication parlée aient été initialement séparées, les membres de la première venant de l'informatique théorique et de l'intelligence artificielle, et les membres de la seconde venant eux du traitement du signal et de la reconnaissance des formes.

Les technologies de la langue parlée couvrent de nombreux domaines différents tels que **l'analyse et la compression de la parole, la reconnaissance de la parole et la compréhension, la synthèse vocale et la génération, le dialogue oral, la reconnaissance du locuteur** (qui parle ?), **l'identification de la langue parlée** (en quelle langue ?). Elles peuvent être utilisées dans différentes applications : commande vocale, dictée vocale, transcription de l'audiovisuel, de conversations ou de réunions, systèmes interactifs, traduction de la parole, identification des locuteurs, assistance personnelle, etc.

Pour certaines applications, comme les services bancaires par téléphone, un module de reconnaissance vocale mettant en correspondance une forme à reconnaître avec celles d'un vocabulaire existant est suffisant. Pour d'autres applications, par exemple en dictée vocale ou dans la transcription de conversations, un logiciel plus sophistiqué ayant la capacité de traiter toute parole naturelle est nécessaire. Pour les systèmes interactifs avancés, une analyse linguistique en profondeur de l'entrée vocale s'impose.

Un système d'interaction vocale complète comprend quatre technologies différentes (voir figure 7) :

- La reconnaissance automatique de la parole (RAP) est chargée de déterminer quels mots ont été prononcés, étant donné une séquence de sons émis par le locuteur.

- L'analyse syntaxique et l'interprétation sémantique et pragmatique ont pour objet d'analyser la structure syntaxique de l'énoncé d'un utilisateur et d'interpréter ce dernier en fonction des besoins de l'application.

- La gestion du dialogue est nécessaire pour déterminer l'action qui doit être prise par le système compte tenu de l'entrée de l'utilisateur et des fonctionnalités du système.

- La technologie de synthèse vocale est utilisée pour transformer un message en sons qui seront produits pour l'auditeur.

Les systèmes de RAP pour une langue donnée sont généralement basés sur **un modèle acoustique**, qui représente le signal correspondant aux phonèmes de cette langue, **un modèle de prononciation**, représentant les différentes façons de prononcer les mots de cette langue, **et un modèle de langage**, qui représente la façon dont les mots sont ordonnés pour produire des phrases dans cette langue. Les systèmes de RAP basés sur des approches d'apprentissage statistique nécessitent d'être entraînés sur de vastes quantités de données (parole transcrite à partir de différents intervenants avec des accents divers et énormes quantités de textes reflétant l'application ciblée) pour obtenir des performances suffisantes.

En dépit d'avancées technologiques majeures dans les années récentes, les systèmes de RAP actuellement disponibles sont encore confrontés à des difficultés avec **les mots hors vocabulaire** (MHV) : mots inconnus du système qui font que les phrases dans lesquelles ils sont prononcés ne sont pas correctement traitées. Le vocabulaire et le modèle de langage doivent donc être continuellement mis à jour. Un autre problème est la difficulté pour un système de reconnaissance vocale, tout comme pour d'autres technologies de la langue, d'estimer s'il peut avoir mal compris un mot ou une phrase. Ce problème peut être résolu en attribuant une mesure de confiance à chaque mot et phrase reconnus.

Le taux de précision attendu du module de reconnaissance est très dépendant de l'application. Alors que l'utilisateur d'un système de dictée vocale peut généralement vérifier manuellement et modifier la sortie du système, des exigences plus complexes sont imposées à un système de dialogue destiné à converser naturellement avec un humain. Cela implique :

- une analyse linguistique profonde de l'entrée vocale (reconnaissance d'Entités Nommées, analyse

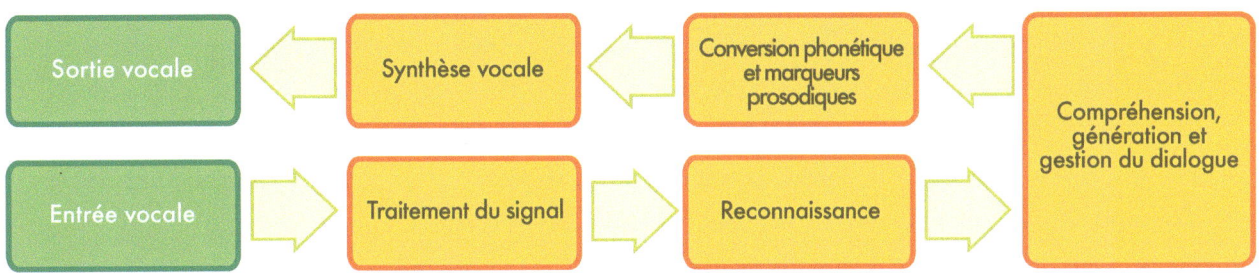

7 : Architecture de base d'un système de dialogue oral

morpho-syntaxique, résolution des coréférences, analyse syntaxique),

- mais aussi une composante de **gestion de dialogue**, qui utilise les connaissances du domaine spécifique de la tâche pour analyser l'entrée, à un niveau sémantique et pragmatique, afin de générer la sortie appropriée,

- et même **l'analyse et la génération des émotions**, à travers le traitement de la prosodie (rythme, accent et intonation),

- sans oublier l'analyse des autres **modalités non-verbales** (regard, gestes, expression faciale, etc.).

La seule façon d'évaluer la qualité d'un système de RAP est de mener une **évaluation** sur des données de test correspondant à l'application. Plusieurs systèmes basés sur des approches différentes peuvent être comparés dans **des campagnes d'évaluation**, telles que celles organisées aux États-Unis par le NIST (National Institute of Standards and Technology) pour la DARPA (Defense Advanced Research Projects Agency) depuis 1987.

Le tableau de la figure 8 montre les progrès réalisés par les systèmes de reconnaissance automatiques de la parole au fil des ans, à travers les campagnes d'évaluation internationales menées par le NIST. Apparaît sur ce tableau la meilleure performance obtenue cette année-là, en termes de **taux d'erreur sur les mots** (WER) selon une échelle logarithmique (l'effort pour passer de 100% d'erreurs (le système ne reconnaît correctement aucun mot)

à 10% d'erreurs étant comparable à celui requis pour passer de 10% à 1% d'erreurs). Les tâches deviennent de plus en plus difficiles au fil des années (d'abord avec un langage de commande vocale artificiel de 1000 mots, puis pour la dictée vocale (20 000 mots), la transcription d'émissions de radio ou de télévision (anglais, arabe et chinois mandarin), la transcription de conversations téléphoniques (également en anglais, arabe et mandarin), la transcription de réunions, etc.), dans des conditions variables (temps réel ou non, différentes qualités de prise de son, etc.). Nous voyons que pour certaines tâches, les performances des systèmes sont semblables à celles d'un auditeur humain, ce qui rend ces systèmes exploitables et commercialisables (pour des langages de commande, par exemple). Par contre, il est clair que pour des tâches plus complexes, les performances s'améliorent plus lentement, justifiant la poursuite de l'effort de recherche. La connaissance de ces performances est précieuse pour déterminer la faisabilité d'une application sur la base du niveau de qualité qu'elle requiert. Par exemple, un système de recherche d'information sur des données audiovisuelles ne nécessite pas de très hautes performances dans la transcription de la parole, contrairement à un système de dialogue oral utilisé pour des tâches critiques.

Transformer un message écrit en un signal de parole est effectué par un module de **synthèse vocale**. Ce message peut être un texte (**synthèse à partir du texte**) ou la sortie d'un système de dialogue interactif. Aujourd'hui, la synthèse vocale est généralement basée sur de grandes quantités de données de parole préenregistrées afin de produire un résultat raisonnablement naturel. Cependant, si l'on considère le but ultime de produire automatiquement de la parole naturelle dans des systèmes interactifs, des recherches supplémentaires sont nécessaires, en particulier concernant l'interrelation entre syntaxe, sémantique, pragmatique et prosodie, et entre les modalités verbales et non verbales (expressions faciales des **visages parlants**, pointage gestuel, etc.).

La langue française présente des spécificités qui la rendent plus difficile à traiter par les systèmes automatiques de traitement de la parole que d'autres langues romanes comme l'italien ou l'espagnol. Les hétérographes homophones (également appelés homonymes) soulèvent des problèmes pour la transcription écrite de la parole (transcription phonème-graphème), et cela est souvent le cas pour la marque du pluriel en français ("s" pour les noms, "nt" pour les verbes) qui ne se prononce pas, ou se prononce comme une liaison entre les mots. Les hétérophones homographes posent des problèmes pour la conversion graphème-phonème en synthèse à partir du texte, qui peuvent nécessiter une analyse syntaxique (« Les poules du couvent couvent », prononcé /lepuldykuvãkuv/) voire même une analyse sémantique pour quelques très rares cas (« fils » (de famille) prononcé / fis / et « fils » (de soie), prononcé / fil /).

Une question clé pour les recherches futures est **la personnalisation** des systèmes interactifs. Dans une certaine mesure, cela est déjà possible, par exemple dans les systèmes de transcription de la parole, qui peuvent également reconnaître le genre, la tranche d'âge, l'accent ou l'identité (**diarization**) de la personne qui parle, et dans les systèmes de dictée vocale ou les systèmes de navigation automobile, qui peuvent être entraînés à s'adapter au style de locution de l'utilisateur. Veiller à doter les systèmes de dialogue d'une ergonomie conviviale est particulièrement important, par exemple pour les sys-

tèmes d'assistance aux personnes handicapées ou âgées, qui peuvent avoir des inhibitions contre l'utilisation de systèmes informatiques. Cela impliquera une analyse du comportement langagier de l'utilisateur en général, et en particulier de la façon dont les humains interagissent avec les ordinateurs.

D'autres aspects du traitement de la parole concernent **la vérification ou l'identification du locuteur**, pour les applications en biométrie, ou **l'identification de la langue ou du dialecte**, visant à identifier quelle est la langue qui est parlée.

En ces temps où les marchés européens et internationaux progressent de concert, un défi important pour les systèmes interactifs est leur capacité à travailler dans un environnement multilingue, ce qui implique **la traduction automatique de la parole** dans différentes langues. Des premiers résultats ont été démontrés en avril 2007, au sein du projet TC-STAR [39] financé par la Commission Européenne, pour la traduction de l'anglais vers l'espagnol des discours du Parlement Européen, profitant de l'existence de grandes quantités de corpus parallèles (les discussions des parlementaires, leurs interprétations dans toutes les langues officielles de l'UE, leur transcription et la traduction de leur transcription également dans toutes les langues de l'UE). La technologie correspondante a été mise en œuvre dans le système Jibbigo [40] disponible en 2011 pour 8 paires de langues sur l'*App Store* d'Apple. Google offre pour sa part, en 2011, la traduction dans 3300 paires de langues, avec reconnaissance vocale pour 17 langues sources et synthèse vocale pour 25 langues cibles (dont le français), dans son application Google Translate pour « smartphone » (téléphone intelligent), également disponible sur l'*App Store*.

La qualité de la traduction de parole interactive doit encore être améliorée avant que son utilisation puisse devenir naturelle. De même, les systèmes de dialogue oral ne sont actuellement disponibles que pour des applica-

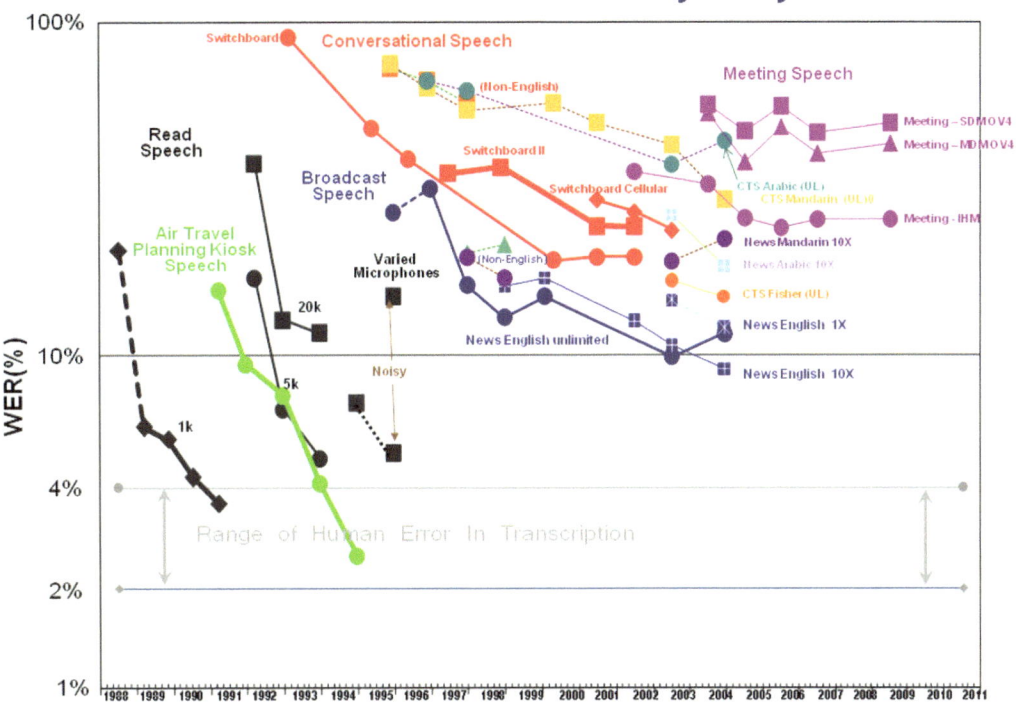

8 : Une histoire de la Reconnaissance Automatique de la Parole depuis 1987 à travers les campagnes d'évaluation du NIST [38]

tions très limitées. Cependant, de nombreuses applications peuvent être abordées avec la technologie actuellement disponible, telle que **le sous-titrage vidéo automatique** avec une traduction approximative.

Au-delà de l'état actuel de la technologie, il y aura des changements significatifs en raison de la propagation des smartphones comme une nouvelle plate-forme pour la gestion des relations clients - en plus des canaux téléphoniques, de l'Internet et du courrier électronique. Cette tendance va également affecter l'utilisation des technologies d'interaction vocale. Alors que la demande pour la téléphonie basée sur des **interfaces vocales avec les utilisateurs** (VUI) va diminuer sur le long terme, l'usage de la langue parlée en tant que modalité d'entrée conviviale pour les smartphones va prendre une importance significative. Cette tendance est soutenue par l'amélioration observable des performances de la re-

connaissance vocale multilocuteur pour les services de dictée ou de commande vocales qui sont déjà offerts comme des services pour les utilisateurs de smartphones (voir par exemple Apple Siri ou Android Voice Actions). Compte tenu de cette « externalisation » de la tâche de reconnaissance à l'infrastructure des applications, l'emploi d'une analyse linguistique spécifique à l'application gagnera en importance par rapport à la situation actuelle.

4.3.4 Traduction Automatique

L'idée d'utiliser des ordinateurs numériques pour la traduction des langues naturelles est venue en 1946 d'A. D. Booth et a été suivie par un financement substantiel pour la recherche dans ce domaine dans les années 1950 et de nouveau dans les années 1980. La France était

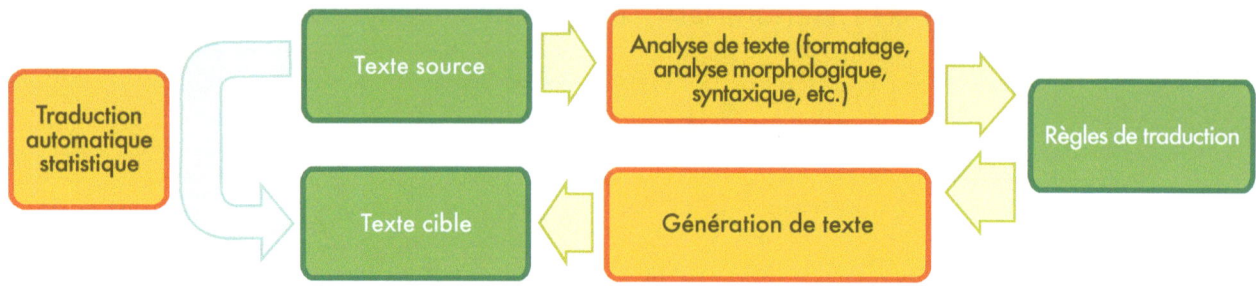

9 : Traduction automatique statistique (flèche bleue) ou à base de règles (flèches jaunes)

particulièrement active dans ce domaine, et le premier livre populaire sur **la traduction automatique** (TA) a été écrit par un Français (Delavenay, 1957). Néanmoins, la traduction automatique ne parvient toujours pas à répondre aux attentes qu'elle a suscitées à ses débuts.

À son niveau de base, la traduction automatique substitue simplement les mots d'une langue par les mots d'une autre. Cela peut être utile dans des domaines possédant un langage formellement très restreint, par exemple les bulletins météorologiques. Cependant, pour une bonne traduction de textes moins standardisés, des unités de texte plus larges (expressions, phrases ou même passages entiers) doivent être adaptées à leurs plus proches équivalents dans la langue cible. La difficulté majeure réside dans le fait que le langage humain est ambigu, ce qui donne des défis à plusieurs niveaux, par exemple, **la désambiguïsation du sens des mots** au niveau lexical (« avocat » peut signifier un homme de loi ou un fruit) ou le rattachement des phrases prépositionnelles au niveau syntaxique comme dans :

- Le policier observait l'homme avec ses jumelles.
  The policeman observed the man with his binoculars.
- Le policier observait l'homme avec son revolver.
  The policeman observed the man with his revolver.

Une façon d'aborder la tâche est basée sur des règles linguistiques (voir figure 9). Pour les traductions entre des langues étroitement apparentées, une traduction directe peut être réalisable dans des cas comme celui de l'exemple ci-dessus. Mais les systèmes **basés sur des règles** (ou **basés sur la connaissance**) analysent souvent le texte d'entrée et créent une représentation intermédiaire symbolique, à partir de laquelle le texte est généré dans la langue cible. Le succès de ces méthodes est très dépendant de la disponibilité de lexiques étendus incluant des informations morphologiques, syntaxiques et sémantiques, et de grands ensembles de règles de **grammaire** soigneusement conçues par un linguiste qualifié.

Introduits à la fin des années 1980 par des chercheurs issus de la communauté de la reconnaissance vocale, dans la mesure où la puissance de calcul s'était accrue et était devenue moins coûteuse, on a noté un surcroît de l'intérêt des **modèles statistiques** pour la TA. Les paramètres de ces modèles statistiques sont tirés de l'analyse de **corpus de textes bilingues**, comme le **corpus parallèle** Europarl, qui contient les actes du Parlement européen dans 21 langues européennes. En fonction de la disponibilité d'une quantité suffisante de données, la traduction automatique statistique fonctionne assez bien pour tirer une signification approximative d'un texte écrit en langue étrangère. Cependant, plus que les systèmes fondés sur les règles, les systèmes de traduction automatique statistiques (ou fondés sur les données) peuvent générer une sortie agrammaticale. D'autre part, outre l'avantage de nécessiter moins d'effort humain pour écrire la grammaire, la TA statistique peut également couvrir les parti-

Langues cibles (abscisse) – Langues sources (ordonnée)																					
	EN	BG	DE	CS	DA	EL	ES	ET	FI	FR	HU	IT	LT	LV	MT	NL	PL	PT	RO	SK	SL	SV
EN	–	40.5	46.8	52.6	50.0	41.0	55.2	34.8	38.6	50.1	37.2	50.4	39.6	43.4	39.8	52.3	49.2	55.0	49.0	44.7	50.7	52.0
BG	61.3	–	38.7	39.4	39.6	34.5	46.9	25.5	26.7	42.4	22.0	43.5	29.3	29.1	25.9	44.9	35.1	45.9	36.8	34.1	34.1	39.9
DE	53.6	26.3	–	35.4	43.1	32.8	47.1	26.7	29.5	39.4	27.6	42.7	27.6	30.3	19.8	50.2	30.2	44.1	30.7	29.4	31.4	41.2
CS	58.4	32.0	42.6	–	43.6	34.6	48.9	30.7	30.5	41.6	27.4	44.3	34.5	35.8	26.3	46.5	39.2	45.7	36.5	43.6	41.3	42.9
DA	57.6	28.7	44.1	35.7	–	34.3	47.5	27.8	31.6	41.3	24.2	43.8	29.7	32.9	21.1	48.5	34.3	45.4	33.9	33.0	36.2	47.2
EL	59.5	32.4	43.1	37.7	44.5	–	54.0	26.5	29.0	48.3	23.7	49.6	29.0	32.6	23.8	48.9	34.2	52.5	37.2	33.1	36.3	43.3
ES	60.0	31.1	42.7	37.5	44.4	39.4	–	25.4	28.5	51.3	24.0	51.7	26.8	30.5	24.6	48.8	33.9	57.3	38.1	31.7	33.9	43.7
ET	52.0	24.6	37.3	35.2	37.8	28.2	40.4	–	37.7	33.4	30.9	37.0	35.0	36.9	20.5	41.3	32.0	37.8	28.0	30.6	32.9	37.3
FI	49.3	23.2	36.0	32.0	37.9	27.2	39.7	34.9	–	29.5	27.2	36.6	30.5	32.5	19.4	40.6	28.8	37.5	26.5	27.3	28.2	37.6
FR	64.0	34.5	45.1	39.5	47.4	42.8	60.9	26.7	30.0	–	25.5	56.1	28.3	31.9	25.3	51.6	35.7	61.0	43.8	33.1	35.6	45.5
HU	48.0	24.7	34.3	30.0	33.0	25.5	34.1	29.6	29.4	30.7	–	33.5	29.6	31.9	18.1	36.1	29.8	34.2	25.7	25.6	28.2	30.5
IT	61.0	32.1	44.3	38.9	45.8	40.6	26.9	25.0	29.7	52.7	24.2	–	29.4	32.6	24.6	50.5	35.2	56.5	39.3	32.5	34.7	44.3
LT	51.8	27.6	33.9	37.0	36.8	26.5	21.1	34.2	32.0	34.4	28.5	36.8	–	40.1	22.2	38.1	31.6	31.6	29.3	31.8	35.3	35.3
LV	54.0	29.1	35.0	37.8	38.5	29.7	8.0	34.2	32.4	35.6	29.3	38.9	38.4	–	23.3	41.5	34.4	39.6	31.0	33.3	37.1	38.0
MT	72.1	32.2	37.2	37.9	38.9	33.7	48.7	26.9	25.8	42.4	22.4	43.7	30.2	33.2	–	44.0	37.1	45.9	38.9	35.8	40.0	41.6
NL	56.9	29.3	46.9	37.0	45.4	35.3	49.7	27.5	29.8	43.4	25.3	44.5	28.6	31.7	22.0	–	32.0	47.7	33.0	30.1	34.6	43.6
PL	60.8	31.5	40.2	44.2	42.1	34.2	46.2	29.2	29.0	40.0	24.5	43.2	33.2	35.6	27.9	44.8	–	44.1	38.2	38.2	39.8	42.1
PT	60.7	31.4	42.9	38.4	42.8	40.2	60.7	26.4	29.2	53.2	23.8	52.8	28.0	31.5	24.8	49.3	34.5	–	39.4	32.1	34.4	43.9
RO	60.8	33.1	38.5	37.8	40.3	35.6	50.4	24.6	26.2	46.5	25.0	44.8	28.4	29.9	28.7	43.0	35.8	48.5	–	31.5	35.1	39.4
SK	60.8	32.6	39.4	48.1	41.0	33.3	46.2	29.8	28.4	39.4	27.4	41.8	33.8	36.7	28.5	44.4	39.0	43.3	35.3	–	42.6	41.8
SL	61.0	33.1	37.9	43.5	42.6	34.0	47.0	31.1	28.8	38.2	25.7	42.3	34.6	37.3	30.0	45.9	38.2	44.1	35.8	38.9	–	42.7
SV	58.5	26.9	41.0	35.6	46.6	33.3	46.6	27.4	30.9	38.9	22.7	42.0	28.2	31.0	23.7	45.6	32.2	44.2	32.7	31.3	33.5	–

10 : Performances des systèmes de Traduction Automatique entre 22 langues de l'UE [41]

cularités de la langue qui disparaissent dans les systèmes à base de connaissances, comme par exemple pour la traduction des expressions idiomatiques.

Les **approches hybrides** visent à combiner les approches à base de connaissances et les approches statistiques. Cela peut être fait de plusieurs façons. L'une consiste à utiliser à la fois les systèmes à base de connaissances et les systèmes statistiques et à avoir un module de sélection pour décider de la meilleure sortie pour chaque phrase. Toutefois, pour des phrases plus longues, aucun résultat ne sera parfait. Une meilleure solution est de combiner les meilleures parties de chaque phrase provenant de sorties multiples, ce qui peut être relativement complexe, dans la mesure où la correspondance de parties provenant de plusieurs alternatives n'est pas toujours évidente et nécessite un alignement. Une autre approche en lice est de combiner les avantages des deux paradigmes ; par exemple, en rendant un système par règle adaptatif par l'ajout d'un module d'apprentissage des règles, ou en rendant un système statistique sensible à la syntaxe par la prise en compte d'informations syntaxiques.

La qualité des systèmes de TA est toujours considérée comme ayant un énorme potentiel d'amélioration. Les défis comprennent l'adaptabilité des ressources linguistiques à un domaine thématique ou à une zone d'utilisation, et l'intégration dans les flux opérationnels (*workflows*) existants de bases terminologiques et de mémoires de traduction. En outre, la plupart des systèmes actuels sont centrés autour de l'anglais et peu existent pour les autres langues. La recherche en traduction automatique a été menée pendant de nombreuses années sans évaluer la qualité de la traduction produite, qui permet de comparer diverses approches ou de mesurer les progrès. La mesure BLEU a été proposée en 2000 [42] et a permis de mener des campagnes d'évaluation comparative en TA, même si cette mesure simple, basée sur une comparaison mot à mot entre la sortie de la TA et des traductions de référence faites par des traducteurs, peut être critiquée pour mélanger de manière indifférenciée le sens et les aspects stylistiques de la traduction. Depuis, d'autres métriques ont été proposées et une campagne d'évaluation des métriques d'évaluation de la TA a même été organisée par le NIST sans qu'on ait encore remplacé la mesure BLEU par une autre métrique qui soit plus largement acceptée. Ces campagnes d'évaluation permettent de comparer la qualité des systèmes de TA, les différentes approches et l'état des systèmes de traduction automatique pour les différentes langues, comme cela apparaît dans un tableau présenté dans le projet Euromatrix+ financé par la Commission Européenne (voir figure 10).

Cette figure donne la meilleure performance obtenue pour 462 paires de langues officielles de l'Union Européenne (l'irlandais est manquant), en termes de score BLEU (plus le score est grand, meilleure est la traduction ; un traducteur humain obtiendrait environ 80). Les meilleurs résultats (en vert et bleu) sont pour les langues qui bénéficient d'un effort de recherche considérable, au sein de programmes coordonnés, et de l'existence de nombreux corpus parallèles (anglais, français, néerlandais, espagnol, allemand, etc.), les pires (en rouge) pour les langues qui ne bénéficient pas d'efforts semblables, ou qui sont très différentes d'autres langues (hongrois, maltais, finlandais etc.).

La France est très active dans le domaine de la traduction automatique, avec des sociétés comme Systran, qui a été un pionnier dans ce domaine et a fourni la technologie initialement proposée par Google parmi ses outils linguistiques, avant que Google ne développe et utilise sa propre technologie, ou Softissimo. Lingua et Machina propose des mémoires de traduction à des traducteurs humains. Plusieurs laboratoires mènent également des recherches dans ce domaine, et obtiennent des résultats qui se situent à l'état de l'art.

4.3.5 Autre domaines d'application

Créer des applications à base de technologies de la langue implique une gamme de sous-tâches qui ne font pas toujours surface au niveau de l'interaction avec l'utilisateur, mais qui fournissent des fonctionnalités de service importantes « sous le capot » du système. Elles constituent par conséquent des sujets de recherche importants qui sont devenus des sous-disciplines de la linguistique computationnelle dans le milieu universitaire. La **Réponse aux Questions** est devenu un domaine de recherche actif pour lequel des corpus annotés ont été produits et des compétitions scientifiques ont été ouvertes. Le principe consiste à passer de la recherche basée sur des mots-clés (à laquelle le moteur de recherche répond avec toute une collection de documents potentiellement pertinents) au scénario d'un utilisateur posant une question concrète et du système lui fournissant une seule réponse :

- *À quel âge Neil Armstrong a-t-il marché sur la lune ?*
- *À 38 ans.*

Même si ce domaine est évidemment lié au thème global de la recherche sur le Web susmentionné, la dénomination Réponse aux Questions est aujourd'hui essentiellement un terme générique qui couvre différentes problématiques de recherche telles que : comment identifier le type d'une question (par ex. question factuelle ou définitoire) et la traiter en conséquence ?, comment synthétiser une réponse à partir de plusieurs documents pouvant apporter des éléments d'information contradictoires ?, ou comment la réponse peut-elle être extraite d'un document appartenant à un autre champ thématique que celui de la question, mais qui contient néanmoins l'information recherchée ?

Cela est également lié à la tâche d'**extraction d'information** (IE), un domaine qui était extrêmement populaire et influent à l'époque du « virage statistique » en linguistique computationnelle, au début des années 1990. L'IE vise à identifier des éléments précis d'information dans des classes spécifiques de documents, par exemple la détection des principaux acteurs dans les prises de contrôle de sociétés comme relaté dans les articles de journaux. Un autre scénario qui a été élaboré concerne les rapports sur les incidents terroristes, où le problème est de mettre en correspondance le texte avec un formulaire spécifiant l'auteur, la cible, l'heure et le lieu et les résultats de l'incident. Le remplissage d'un formulaire spécifique à un domaine est la caractéristique centrale de l'IE, qui pour cette raison, est un autre exemple de technologie « en coulisses » qui constitue un domaine de recherche bien délimité, mais qui pour des raisons pratiques, doit ensuite être intégrée dans un environnement d'application approprié. Dans certains domaines, comme la veille technologique ou l'analyse de sentiments ou la fouille d'opinions, ils sont même devenus des modules clé des architectures standard des applications.

Il existe des domaines en technologies des langues qui concernent à la fois des applications autonomes et des fonctions de base des systèmes de traitement d'information, comme par exemple : **le résumé automatique de texte** et **la génération de texte**. Résumer se réfère à la tâche de rendre court un texte long, et est offert, par exemple comme une fonctionnalité dans MS Word. Cela fonctionne essentiellement sur une base statistique, en identifiant d'abord les mots « importants » dans le texte (par exemple, les mots qui sont très fréquents dans le texte, mais nettement moins fréquents dans l'usage général de la langue) et en déterminant ensuite les phrases qui contiennent de nombreux mots « importants ». Ces phrases sont ensuite marquées dans le document, ou extraites, et sont retenues pour constituer le résumé. Dans ce scénario, qui est de loin le plus populaire, résumer revient donc à extraire des phrases : le texte est réduit à un sous-ensemble de ses phrases. Tous les résumeurs commerciaux sont fondés sur ce principe. Une approche alternative, à laquelle sont consacrées quelques

recherches, est de générer de nouvelles phrases, c'est-à-dire, de construire des phrases de résumé qui n'apparaissent pas sous cette forme dans le texte source. Cela nécessite un niveau de compréhension plus profond du texte et est donc beaucoup moins robuste. Un générateur de texte n'est, dans la plupart des cas, pas une application isolée, mais intégrée dans un environnement plus large de logiciels, tels que dans un système d'information hospitalier, où les données du patient sont collectées, stockées et traitées, et où la génération de rapport n'est juste qu'une des nombreuses fonctionnalités offertes.

Pour le français, la situation dans tous ces domaines de recherche est beaucoup moins développée que pour l'anglais, où la Réponse aux Questions, l'extraction d'information, et le résumé automatique ont fait l'objet depuis les années 1990 de nombreuses compétitions ouvertes, principalement celles qui sont organisées par la DARPA et le NIST aux États-Unis. Celles-ci ont permis d'améliorer considérablement l'état de l'art, mais l'accent a le plus souvent été placé sur l'anglais ou sur des langues d'importance géopolitique pour les États-Unis. Certaines compétitions ont ajouté des pistes multilingues ou interlingues, comme les campagnes d'évaluation menées dans le projet CLEF (Cross-Language Evaluation Forum) [43] de la Commission Européenne, mais le français n'a jamais été prééminent. En conséquence, il n'y a guère de corpus annotés ou d'autres ressources pour la plupart de ces tâches. Les systèmes de résumé automatique, lorsqu'ils utilisent des méthodes purement statistiques, sont souvent dans une bonne mesure indépendants de la langue, et donc quelques prototypes de recherche sont disponibles.

Concernant la génération de texte, les composants réutilisables ont traditionnellement été limités à la réalisation de modules de réalisation de surface (les « grammaires de génération ») ; là encore, la plupart des logiciels disponibles le sont pour l'anglais.

4.3.6 Traitement automatique de la Langue des Signes

Le Traitement automatique de la Langue des Signes est un domaine de recherche en pleine expansion, qui va avec le développement de l'utilisation de la Langue des Signes par les personnes sourdes, et avec l'obligation légale de fournir un accès à l'information pour les personnes handicapées. La *Langue des Signes Française* (LSF) ne doit pas être considérée comme une variante de la langue française, mais comme une langue en soi. Nous mentionnerons donc seulement que son traitement comporte l'analyse (basée sur le traitement d'image, et nécessitant la reconnaissance des gestes, des expressions faciales et des postures), la production (sous la forme d'agents conversationnels) et même la traduction d'une Langue des Signes à l'autre. Plusieurs laboratoires travaillent en France sur ce sujet de recherche, et les premiers résultats ont permis notamment d'équiper certaines gares en France avec des informations en langue des signes pour les sourds.

4.4 L'EFFORT TECHNOLOGIQUE SUR LE FRANÇAIS

4.4.1 Études sur les Technologies de la Langue pour le français

Plusieurs études du domaine des technologies de la langue ont été menées en France, tels que le rapport DGLFLF sur les défis culturels des technologies de la langue en 2007 [44], le rapport du Forum des droits de l'Internet « Développement durable et Internet : langues et Internet » en 2009 [45], l'étude de marché sur les technologies de la langue en Europe réalisée pour le Ministère de la Recherche par le Bureau Van Dijk en 2007 [46] ou le Livre Blanc de l'APIL sur les industries de la langue en 2005 [47]. Le ministère français de la Culture et de la Communication a produit en 2011 une étude sur les usages et les applications des technologies de la langue pour le français, avec un intérêt particulier pour les dimensions culturelles et économiques.

4.4.2 Financements

Les financements de la recherche et développement en technologies de la langue viennent principalement du Ministère de l'Enseignement Supérieur et de la Recherche à travers l'Agence Nationale de la Recherche (ANR), du Ministère de l'Économie, des Finances et de l'Industrie à travers l'Agence OSEO et à travers les Pôles de Compétitivité, qui rassemblent industriels et chercheurs, et sont financés par plusieurs ministères et administrations locales (départements et régions). La Direction Générale de l'Armement du Ministère de la Défense a ses propres programmes pour les applications de défense, et collabore également avec les organismes déjà mentionnés sur des programmes de coopération concernant les technologies duales (civil et défense), comme le sont les technologies de la langue.

4.4.3 Programmes

Les recherches sur la langue française ont été soutenues par plusieurs programmes. Le Réseau francophone d'Ingénierie de la Langue (FRANCIL) a été soutenu par l'Association des Universités Francophones (AUF, anciennement AUPELF) de 1994 à 2000. Il incluait des projets de coopération entre les pays francophones du Nord et ceux du Sud (en particulier en Afrique et en Asie) et des projets de « coopétition » (mélange de coopération et de compétition) organisés comme des campagnes d'évaluation de technologies à la fois pour le traitement du langage écrit et du langage parlé.

Le programme TechnoLangue (2003-2005) [48] a été soutenu par les Ministères de la Recherche, de l'Industrie et de la Culture, suite à un rapport du Conseil Supérieur de la Langue Française. Il comprenait le développement de ressources linguistiques (corpus, lexiques, dictionnaires, etc.) pour le français et l'organisation de huit campagnes d'évaluation sur des sujets tels que l'analyse syntaxique, la traduction automatique, la recherche d'information (Réponse aux Questions) ou la transcription d'émissions radiodiffusées (campagne ES-TER). Toutes les données et outils produits au sein de ces campagnes d'évaluation ont été distribués sous forme de boîtes à outils d'évaluation. Ce programme a été suivi sur la même base par le programme TechnoVision concernant la recherche en Vision par Ordinateur, comprenant la reconnaissance optique de caractères (OCR) et le traitement des documents (y compris la reconnaissance de l'écriture manuscrite). Certaines de ces activités sont maintenant prolongées sous forme de projets indépendants soutenus par l'ANR, qui a par ailleurs organisé le défi REPERE (2010-2013) sur l'identification multimodale (texte, parole, image) des personnes.

Le CNRS (Centre National de la Recherche Scientifique) a eu plusieurs programmes dans ce domaine au fil des ans, soit dans les STIC ou en SHS (GRECO, CCIIL, Silfide (avec l'AUPELF), le CRN (incluant le CNTRL [49] et le CRDO [50, 51]), et le Ministère français de la Recherche a mis en place en 2011 une Infrastructure de Corpus [52] dans le domaine des Sciences Humaines et Sociales, en lien avec le projet CLARIN de la Commission Européenne.

Ces programmes ont beaucoup aidé à rassembler la communauté scientifique autour d'un objectif commun et ont permis la production de données (corpus, lexiques, dictionnaires, etc.), qui sont cruciales pour le développement des technologies. Grâce à ces efforts, le français est classé 3ème après l'anglais et l'allemand en termes de nombre de ressources linguistiques pour la traduction automatique disponibles pour les langues officielles de l'Union Européenne, tel que cela apparaît dans l'Euromatrix+ [53] (voir figure 11), où 130 ressources ont été identifiées pour le français (en mai 2011).

La campagne ESTER a permis dans TechnoLangue la production, en 2004, de 1700 heures de parole concernant les nouvelles radiodiffusées en français, dont 100 heures ont été transcrites [54], ce qui a permis de développer des systèmes de transcription de nouvelles radiodiffusées de qualité suffisante et d'ouvrir la faisabilité de systèmes de transcription et d'indexation automatiques de vidéo en français. Toutefois, cela doit être comparé au corpus de nouvelles radiodiffusées produit pour le chinois au sein du programme américain DARPA GALE, qui comprend 3000 heures de parole, dont 500 ont été transcrites manuellement [55]!

Aujourd'hui, OSEO soutient le très important programme Quaero qui rassemble une trentaine de partenaires industriels et académiques avec un budget total de 200 M€ et un montant de financements publics de 99 M€ sur 5 ans (2008-2013). Quaero porte sur le développement d'une trentaine de technologies pour différents médias (voix, texte, musique, image, vidéo) pour les besoins de cinq applications liées au traitement des documents multimédias et multilingues (plate-forme de numérisation, analyse de l'impact des médias sociaux, vidéo personnalisée, portails de communication et patrimoine numérique, et moteurs de recherche multimédia). Bien que le programme traite essentiellement de la langue française, certaines technologies seront développées pour la plupart des 23 langues officielles de l'UE. L'ensemble du programme est structuré autour de l'évaluation comparative systématique des technologies et sur la production et l'utilisation de grandes quantités de données pour l'apprentissage et l'évaluation des systèmes. En octobre 2011, après 3 années de fonctionnement du programme, 3 nouvelles applications ont été ajoutées, incluant de nouveaux partenaires, 45 modules technologiques ont été livrés et près de 500 articles ont été publiés. L'application en ligne Voxalead News développée par Exalead en coopération avec le LIMSI-CNRS, Vocapia Research et l'INRIA, est un excellent

	anglais	allemand	français	espagnol	italien	...
anglais	257	111	109	107	100	
allemand	111	140	79	42	38	
français	109	79	130	66	52	
espagnol	105	40	65	128	35	
italien	100	38	52	36	116	
...						

11 : Nombre de ressources linguistiques existant pour différentes paires de langues dont le français suivant Euromatrix+

exemple des avancées technologiques rendues possibles dans le cadre de Quaero, en mettant ensemble des savoir-faire dans 3 domaines différents (moteurs de recherche, traitement de la parole et traitement de l'image). Exalead a été acheté par le groupe Dassault Systèmes en 2010.

La France a consacré depuis les années cinquante des efforts importants pour numériser des textes issus de ses immenses ressources littéraires. La Bibliothèque National de France (BNF) a lancé un large effort de numérisation de son fonds patrimonial de documents nationaux. Ce domaine peut grandement bénéficier des Technologies de la Langue, qui facilitent l'accès (à l'aide de l'analyse sémantique, étymologique ou quantitative) aux ressources historiques d'un pays ou d'une langue. Cela a été bien démontré en 2011 par Google à l'aide de son corpus Google Books de plus de 500 milliards de mots.

Il n'y a pas de programme comparable dans la partie francophone de la Belgique, où les sources de financement sont l'Institut pour l'Encouragement de la Recherche Scientifique et de l'Innovation de Bruxelles, le Service Public de Wallonie, ou le Fonds National de la Recherche Scientifique (FNRS). Le Service de la Langue de la Communauté Française de Belgique a financé le développement de recherches en terminologie dans le passé et est officiellement en charge de la coordination des activités terminologiques (au niveau gouvernemental) dans la partie francophone de la Belgique. L'OWIL (Observatoire du Traitement Informatique des Langues et de l'Inforoute) a centralisé d'information sur les activités de recherche en TAL depuis plusieurs années, mais a cessé ses activités en 2008.

Il n'existe actuellement aucun programme majeur sur les Technologies de la Langue en Suisse. Le projet le plus pertinent pourrait être le Centre National de Compétence en Recherche sur la Gestion de l'Information Interactive Multimodale (IM2), dirigé par l'IDIAP, où des corpus de parole ont été recueillis, principalement en collaboration avec les projets AMI et Amida de la Commission Européenne. Il existait un « observatoire pour la recherche », mais le site est maintenant inactif. Les projets dans tous les domaines, y compris les technologies de la langue, sont financés par le programme national de recherche FNSNF (Fonds National Suisse de la Recherche Scientifique).

Le Canada a une agence spéciale pour les Technologies de la Langue : le CRTL (Centre de Recherche en Technologies Langagières / LTRC, Language Technology Research Center) [56]. Il y a au Canada plusieurs équipes universitaires travaillant sur les technologies de la langue, mais sans qu'il n'y ait de programme national spécifique, en dehors de programmes nationaux génériques de recherche.

4.4.4 Sociétés savantes

Lorsque l'European Language Resources Association (ELRA) [57] a été créée en 1995, le gouvernement français a exprimé son soutien pour accueillir son Agence de Distribution des Ressources Linguistiques et d'Évaluation (ELDA), qui est située à Paris.

La communauté scientifique française et francophone en TAL se réunit au sein de l'association ATALA qui a récemment célébré son 50ème anniversaire et organise la conférence annuelle TALN, tandis que la communauté francophone en communication parlée se réunit au sein de l'association AFCP qui organise la conférence biennale JEP (Journées d'Étude sur la Parole), en alternance avec la conférence Interspeech lorsqu'elle se situe en Europe, et en étroite collaboration avec l'International Speech Communication Association (ISCA), où il constitue un groupe d'intérêt spécial (SIG). Les conférences TALN et JEP sont organisées conjointement de temps en temps, et la conférence annuelle RECITAL est spécialement consacrée aux jeunes chercheurs. L'ATALA maintient la liste de diffusion LN et, pour les activités des jeunes chercheurs, la liste de diffusion Orbital, ainsi que le LN-Forum.

Les associations professionnelles, telles que l'APIL (Association des Professionnels des Industries de la Langue) ou l'association Tenor sur la parole, ont été très actives dans le passé, mais semblent être actuellement un peu en sommeil.

L'OEP (Observatoire Européen du Plurilinguisme) est installé en France [58].

Le Canada a une association industrielle sur les technologies de la langue : AILIA (Association de l'Industrie de la Langue / *Language Industry Association*) [59].

4.4.5 Enseignement

Bien que plus de 30 Universités ou Grandes Écoles d'Ingénieurs offrent des cours liés aux Technologies de la Langue, soit au sein de filières de linguistique appliquée ou d'informatique, il n'existe pas de programmes portant spécifiquement sur la gamme complète des technologies de langue, y compris les dimensions technologiques et

linguistiques, et couvrant langue parlée, écrite et signée. La formation des traducteurs et interprètes manque également d'ouverture suffisante sur les Technologies de la Langue, tel que cela est apparu lors de la conférence Tralogy'2011 [60], portant sur la relation entre traducteurs humains et technologies de la langue.

4.4.6 Recherche

En France, il y a environ 50 laboratoires travaillant sur le traitement automatique de la parole et du langage, ainsi que sur le traitement de la langue des signes et la communication multimodale, qui rassemblent environ 600 chercheurs. Beaucoup d'entre eux sont affiliés à un organisme de recherche de grande taille (CNRS, INRIA (Institut National pour la Recherche en Informatique et Automatique), CEA (énergie atomique) et Institut Télécom, qui sont partenaires de l'Alliance nationale Allistene) ou à des universités et Grandes Écoles.

Certains laboratoires ont obtenu des performances au meilleur niveau dans le cadre des campagnes d'évaluation internationales, telles que celles organisées sur la reconnaissance vocale par le NIST aux Etats-Unis, ou sur les Réponses aux Questions dans le projet CLEF en Europe.

Des instituts publics participent également à ce domaine de recherche, tels que le Laboratoire National de Métrologie et d'Essais (LNE), qui développe des activités liées à l'évaluation des technologies de la langue, l'INA (Institut National de l'Audiovisuel) ou la BNF (Bibliothèque Nationale de France), concernant le traitement de leur énorme quantité de données textuelles ou audiovisuelles.

Plusieurs laboratoires mènent également des recherches sur les technologies de la langue appliquées à la langue française en Belgique (Université Libre de Bruxelles, Université de Mons, Université Catholique de Louvain, etc.), Suisse (IDIAP, EPFL, Université de Genève, etc.) et le Canada (Université de Montréal, École Polytechnique de Montréal, CRIM, Université du Québec à Chicoutimi, etc.).

4.4.7 Industrie

Comme mentionné dans le rapport Euromap en 2003 [61], « La France est un acteur majeur en matière de technologies de la langue dans l'UE, avec une longue tradition de recherche, des laboratoires de classe mondiale et la couverture de tous les principaux domaines d'activités. Elle a aussi nourri une communauté respectable de fournisseurs commerciaux, certains à l'échelle européenne et mondiale. La recherche a bénéficié d'un soutien conséquent du secteur public, et la France a été un acteur clé dans l'UE des projets de recherche collaboratifs. »

Les grandes sociétés ont été actives dans ce domaine il y a quelques années (Alcatel, Thomson, France Télécom), mais ont diminué leur effort de recherche, créant parfois des sociétés essaimées (*spin-off*), comme FT avec Telisma en reconnaissance vocale, ensuite rachetée par la société indienne OnMobile Global Ltd. Plusieurs PME ou TPE sont très actives dans les technologies de la langue et de la parole, comme Vecsys (qui a récemment été achetée par Bertin Technologies), Vocapia Research, Sinequa, Synapse Développement, Syllabs, Tagmatica, Arisem, Bertin, Lingway, Pertimm, Systran, Softissimo, A2iA, VisionObject, etc., tandis que d'autres sociétés de grande taille (Technicolor, Orange, Exalead (qui fait maintenant partie de Dassault Systèmes), EADS / Cassidian, Bertin, etc.) ou de plus petite taille (Temis, Jouve, Aldebaran, Parrot, etc.) développent des activités en étroite relation avec les fournisseurs de technologies de la langue. XEROX dispose d'une offre multilingue en technologies des langues et possède un centre de recherche européen à Grenoble. Il y a aussi des PME très actives en Belgique (Acapela) ou au Canada (Nüecho).

L'étude sur la taille de l'industrie de la langue dans l'Union Européenne, commanditée par la Commission Européenne (DGT) en 2009 [5], mentionne que 109 entreprises peuvent être identifiées en France dans le périmètre de l'ingénierie linguistique, avec un chiffre d'affaires estimé à 78,8 M€, ce qui représente 16% du marché européen et place la France comme le deuxième pays en Europe après le Royaume-Uni.

4.5 DISPONIBILITÉ DES TECHNOLOGIES ET DES RESSOURCES POUR LE FRANÇAIS

4.5.1 Tableaux de situation

Les tableaux suivants (figures 12, 13, 14) donnent un aperçu de la situation actuelle du soutien technologique pour le français. La cote des technologies existantes et des ressources est basée sur des estimations en utilisant les critères suivants (chacun allant de 0 à 6).

1. **Quantité** : Est-ce qu'un outil/une ressource existe pour la langue considérée ? Plus il y en a, meilleure est la note.

   0 : pas d'outils/ressources quels qu'ils soient – 6 : de nombreux outils/ressources, d'une grande variété

2. **Disponibilité** : Est-ce que les outils/ressources sont accessibles ? Sont-ils Open Source, librement utilisables sur n'importe quelle plateforme ou seulement disponibles pour un prix élevé ou dans des conditions très restreintes ?

   0 : pratiquement tous les outils/ressources sont disponibles à un prix élevé – 6 : une grande quantité d'outils/ressources sont librement et ouvertement disponibles sous Open Source ou avec des licences Creative Commons qui permettent leur réutilisation

3. **Qualité** : Quelles sont les performances obtenues par les meilleurs outils disponibles, quelle est la qua-

Technologies de la langue	Quantité	Disponibilité	Qualité	Couverture	Maturité	Pérennité	Adaptabilité
Tokenisation, analyse morpho-syntaxique, analyse/génération morphologique	4	4	4	4	4	3	3
Analyse syntaxique (de surface ou profonde)	4	4	4	4	4	2	2
Sémantique des phrases (WSD, structure argumentaire, rôles sémantiques)	2	2	2	1	2	1	2
Sémantique de textes (résolution de coréférences, contexte, pragmatique, inférence)	2	1	3	2	2	2	1
Traitement avancé du discours (structure des textes, cohérence, structure rhétorique/RST, zonage argumentatif, argumentation, patterns textuels, types de textes etc.)	2	2	2	2	2	2	1
Recherche d'Informations (Indexation de textes, RI multimédia, RI interlingue)	4	5	5	4	5	4	4
Extraction d'Informations (reconnaissance d'entités nommées, extraction d'évènements/de relations, reconnaissance d'opinions/de sentiments, fouille de textes/analytique)	3	3	4	3	4	3	3
Génération de Langue (génération de phrases, génération de rapports, génération de textes)	2	1	2	2	2	1	2
Résumé automatique, Réponse aux Questions, Technologies avancées d'accès à l'Information	3	3	3	3	3	2	2
Traduction Automatique (et traduction vocale)	5	4	4	3	4	3	3
Reconnaissance de la parole (couvrant un large spectre : commande vocale, dictée vocale, transcription d'émissions, transcription de conversations, dialogue oral)	4	3	4	4	4	3	3
Synthèse vocale (synthèse à partir du texte, génération de parole)	4	3	4	4	4	3	3
Gestion du Dialogue (Capacités dialogiques et modélisation de l'interlocuteur)	3	2	3	3	3	2	2

12 : Tableau complet de la situation estimée des technologies de la langue pour le français.

lité des meilleures ressources ? S'agit-il d'outils / de ressources toujours maintenues ?

0 : ressource/outil jouet – 6 : outil de haute qualité, annotations humaines de haute qualité d'une ressource

Ressources Linguistiques	Quantité	Disponibilité	Qualité	Couverture	Maturité	Pérennité	Adaptabilité
Corpus de référence	3	1	4	3	4	4	3
Corpus syntaxiques (corpus arborés)	4	4	3	3	3	3	2
Corpus sémantiques	2	2	2	1	2	2	2
Corpus de discours	1	2	2	2	1	1	1
Corpus parallèles, Mémoires de traduction	4	3	4	3	3	4	2
Corpus de parole (brut, étiqueté/annoté, dialogue)	4	3	4	3	3	4	2
Corpus multimédia et multimodal (texte combiné à de l'audio/de la vidéo)	2	1	3	1	1	2	1
Modèles de langage	4	3	3	3	3	3	2
Lexiques, Bases terminologiques	4	3	4	3	4	4	3
Grammaires	3	2	3	3	3	2	2
Thesauri, WordNets	3	3	2	1	3	3	3
Ressources Ontologiques pour la connaissance du monde (c.àd. *upper models*, Données liées)	2	1	2	1	2	1	1

13 : Tableau complet de la situation estimée des ressources linguistiques pour le français.

4. **Couverture** : À quel degré les meilleurs outils répondent-ils aux critères de couverture respectifs (styles, genres, sortes de texte, phénomènes linguistiques, types d'entrées / sorties, nombres de langues prises en charge par un système de traduction automatique, etc.) ? À quel degré les ressources sont-elles représentatives de la langue cible ou de sous-langages ?

0 : Services spécialisés de ressources ou d'outils, cas particuliers, couverture très faible, seulement utilisable pour des cas très spécifiques sans utilisation générale – 6 : ressources avec une très large couverture, outil très robuste, largement applicable, nombreuses langues

5. **Maturité** : L'outil/ressource peut-il être considéré comme mature, stable, prêt pour le marché ? Les meilleurs outils / ressources disponibles sont-ils « prêts à l'emploi » ou doivent-ils être adaptés ? Est-ce que la performance d'une technologie est adéquate et prête pour une utilisation en production ou est-ce seulement un prototype qui ne peut pas être utilisé pour des systèmes de production ? Un indicateur peut être de savoir si les ressources / outils sont acceptés par la communauté et utilisés avec succès dans des systèmes utilisant les technologies de la langue.

0 : prototype préliminaire, système-jouet, preuve de concept, extraits de ressource – 6 : composant immédiatement intégrable / applicable

6. **Pérennité** : Comment l'outil / la ressource peut-il être maintenu / intégré dans les systèmes informatiques actuels ? L'outil / la ressource remplit-il un certain niveau de pérennité en matière de documentation / manuel, explication des cas d'utilisation, frontends, interface utilisateur graphique, etc. ? Utilise-t-il / emploie-t-il des environnements de programmation standards / des bonnes pratiques ? Est-ce qu'il existe des normes / des quasi-standards industriels / de recherche et si oui, l'outil / ressource est-il en conformité (formats de données, etc.) ?

0 : format totalement propriétaire, format de données et API ad hoc – 6 : en plein accord avec les normes de conformité, entièrement documenté

7. **Adaptabilité** : Comment les meilleurs outils / ressources peuvent-ils être adaptés / étendus à de nouvelles tâches / domaines / genres / types de textes / cas d'utilisation etc. ?

0 : pratiquement impossible d'adapter un outil / une ressource à une autre tâche, impossible même avec de grandes quantités de ressources ou de personne-mois disponibles – 6 : très haut niveau d'adaptabilité, adaptation envisageable et facilement réalisable.

Un tableau réduit (figure 14) a également été produit, où les technologies et les ressources ont été regroupées, qui prend également en compte la comparaison avec les autres langues européennes.

4.5.2 Interprétation des Tableaux

Ces tableaux (figures 12, 13 et 14) sur l'état des technologies et des ressources (données, outils, évaluation et méta-ressources) pour la langue française sont proches de ce qui a été produit pour la langue allemande. La situation est très similaire, comme cela apparaît dans les matrices de langue META-Matrixes, et dans les tables bilingues du projet Euromatrix+ [53]. Dans les META-Matrixes, produites à partir des données obte-nues dans la LRE-Map [62, 63], il apparaît que, parmi les 23 langues européennes officielles, le français et l'allemand bénéficient globalement d'un nombre voisin de ressources (respectivement 143 et 132), loin de ce qui existe pour l'anglais (559), et suivis par l'espagnol (111) et l'italien (90). Dans la matrice Euromatrix+, produite à partir du Hutchins Compendium of Translation Software [64], le français et l'allemand sont également proches (130 et 140 respectivement), loin de l'anglais (257), et suivis par l'espagnol (128) et l'italien (116).

- D'importants programmes ont été menés sur le traitement de la langue française, soit dans des programmes français (TechnoLangue, 2003-2005, soutenu par les ministères de la Recherche, de l'Industrie et de la Culture), ou des programmes francophones (FRANCIL, 1994-2000, soutenu par l'Association des Universités Francophones, AUF). Ces programmes contenaient une grande partie consacrée à la production de ressources pour la langue parlée et écrite et à l'évaluation des systèmes de traitement du langage parlé et écrit. Cela a permis d'assurer la disponibilité de données, d'outils évalués, de boîtes à outils d'évaluation et de méta-ressources (métadonnées, normes, etc.) pour le français, beaucoup d'entre eux étant distribués par ELRA. L'évaluation de plusieurs systèmes sur les mêmes données a permis la production de grandes quantités de corpus annotés semi-automatiquement (étiqueteurs morpho-syntaxiques dans GRACE, analyseurs syntaxiques dans PASSAGE).

- Dans la mesure où ELDA, l'agence de distribution d'ELRA, est située en France, de nombreuses ressources linguistiques en français sont distribuées par ELRA.

- Le grand programme Quaero (200 M€ de budget sur 5 ans, 2008-2013) soutient un effort important sur le traitement des documents multimédias et multi-

	Quantité	Disponibilité	Qualité	Couverture	Maturité	Pérennité	Adaptabilité
Technologies de la langue							
Reconnaissance de la parole	4	3	4	4	4	3	3
Synthèse vocale	4	3	4	4	4	3	3
Analyse grammaticale	4	4	4	4	4	3	3
Analyse sémantique	3	3	3	3	3	2	2
Génération de texte	3	2	3	3	3	2	2
Traduction Automatique	5	4	4	4	4	3	3
Ressources linguistiques							
Corpus de textes	4	3	4	4	4	4	3
Corpus de parole	4	3	4	4	4	4	3
Corpus parallèles, Mémoires de traduction	4	3	4	4	4	4	3
Ressources lexicales	4	3	4	4	4	4	3
Grammaires, Modèles de langage	3	3	4	4	3	3	3

14 : Tableau réduit de la situation estimée des technologies de la langue et des ressources linguistiques pour le français.

lingues, y compris le développement des principales technologies de traitement du langage parlé et écrit, pour le français et pour d'autres langues (comme la transcription de parole, la traduction écrite et vocale, les systèmes de réponses aux questions, l'indexation et la recherche dans les données audiovisuelles), avec l'objectif de couvrir toutes les langues officielles de l'UE. Toutes les technologies développées sont régulièrement évaluées afin de vérifier l'adéquation de leurs performances avec les besoins des applications ciblées, et un projet est spécifiquement chargé de la production de corpus pour le développement et le test des systèmes, avec un budget de 10 M€.

■ La société Exalead du groupe Dassault Systèmes est très active dans le domaine de la recherche d'infor-

mations et des moteurs de recherche. Sa participation à Quaero a permis à Exalead de développer des applications innovantes dans le domaine de la recherche audiovisuelle (Voxalead News) basée sur des technologies avancées de traitement de la parole et de l'image.

■ La langue française n'a pas de « corpus national », un mélange équilibré de différents genres de textes, comme cela existe en Grande-Bretagne, aux États-Unis, en Allemagne, en Russie, en Pologne ou en Slovaquie, tel qu'il apparaît sur le site Web Corpus Based Language Studies [65], mais beaucoup de corpus du français existent en France et ailleurs [66]. En outre, un corpus de 260.000.000 mots lemmatisés et étiquetés morpho-syntaxiquement, extrait du

Wikipédia en français, est disponible [67]. Le corpus Frantext [68] de l'ATILF a été mis à disposition depuis de nombreuses années, incluant la plupart des textes de la littérature du 20ème siècle, et des corpus plus récents de normes techniques AFNOR, de français contemporain et de variantes régionales du français.

- Il n'y a pas de grand corpus arboré (*Treebank*) pour le français. Le projet ANR PASSAGE devrait produire très prochainement un important corpus étiquetés syntaxiquement pour le français, non sous la forme d'arbres syntaxiques, mais de relations grammaticales.

- Les corpus parallèles bilingues pour le français bénéficient de sources européennes, telles que les traductions dans les organes de l'UE (Commission Européenne, Parlement Européen, Cour de Justice Européenne, Office Européen des Brevets, etc.), mais aussi venant de pays bilingues comme le Canada. Des corpus parallèles existent avec la plupart des autres langues européennes. Les langues les moins bien représentées sont le slovaque, l'estonien, le maltais et l'irlandais. Ces corpus parallèles sont adaptés à des applications dans les domaines politiques ou administratifs pour la langue écrite, tandis que d'autres domaines d'application tels que la traduction d'émissions radio ou télévisées manquent d'une quantité suffisante de données.

- En lien avec cette disponibilité de corpus parallèles, des systèmes de Traduction Automatique sont disponibles pour toutes les paires de langues de l'UE incluant le français. La meilleure qualité de traduction est réalisée pour les langues source ou cible où une grande quantité de corpus parallèles existe (anglais) et/ou pour les langues qui appartiennent à la famille des langues romanes (espagnol, italien, portugais, roumain). Les résultats les moins bons sont obtenus à partir du et vers le finlandais, et du fran-

çais vers l'estonien, le hongrois, le letton et le maltais. On note l'arrivée de premiers systèmes de traduction vocale.

- Plusieurs entreprises françaises commercialisent depuis de nombreuses années des systèmes de traduction automatique (Systran, qui était la technologie initialement utilisée par Google pour son service de traduction en ligne, Softissimo : Reverso) ou d'aides aux traducteurs (Lingua et Machina).

- De même, la recherche sur la reconnaissance vocale pour le français est très active. Plusieurs laboratoires de pays francophones maîtrisent des technologies qui sont au meilleur niveau de l'état de l'art, comme cela apparaît dans les campagnes d'évaluation internationales, et plusieurs PME sont actives dans ce domaine (comme Vecsys, ou Vocapia Research). Des taux de reconnaissance proches de 85% pour la transcription d'émissions de radio ou de télévision, dans des conditions normales de diffusion, sont maintenant obtenus par des technologies françaises sur la langue française, mais aussi sur d'autres langues (anglais, arabe, russe, chinois mandarin, espagnol), ce qui permet d'effectuer l'indexation automatique de données audiovisuelles. La recherche d'information interlingue est également possible en ajoutant de la traduction automatique.

- Quelques laboratoires francophones travaillent également sur la transcription de réunions.

- Les laboratoires francophones sont très actifs dans la reconnaissance du locuteur, et participent régulièrement avec d'excellents résultats aux campagnes d'évaluation Odyssey organisées par le NIST.

- En accord avec cet intérêt pour la reconnaissance vocale, des ressources ont été disponibles très tôt pour le français parlé (le corpus BREF en 1990, ou le lexique de prononciation BDLex en 1996, qui sont distribués par ELRA).

- Il existe plusieurs WordNet pour le français (Euro-WordNet, Wolf de l'INRIA, le WordNet du CEA, appelé JAWS), mais pas aussi complets que le Word-Net initial de Princeton ou encore que le Word-Net allemand élargi dans le projet Kyoto de la Commission Européenne, où le français n'est pas pris en compte.

- Il n'y a pas encore de grand FrameNet pour le français, malgré quelques initiatives en cours basées sur la traduction du FrameNet américain, alors qu'il existe pour l'allemand. Cependant, il existe des lexiques grammaticaux et des dictionnaires syntaxiques (Dicovalence de l'Université catholique de Louvain, Lefff d'INRIA Alpage, Unitex de l'institut Gaspard-Monge, NooJ de M. Silberztein).

- Beaucoup de ressources souffrent d'un manque de normalisation, et donc, même si elles existent, leur pérennité n'est pas assurée ; des programmes concertés et des initiatives sont nécessaires pour normaliser les données et les formats d'échange. À noter cependant l'émergence ponctuelle de nouvelles normes, comme par exemple la norme de représentation des dictionnaires LMF [69].

- Traiter la sémantique est plus difficile que traiter la syntaxe ; traiter la sémantique d'un texte est plus difficile que traiter la sémantique d'un mot ou d'une phrase, et encore davantage pour la sémantique du discours. La taille de l'effort pour annoter sémantiquement un corpus est énorme.

- Plus un outil a à traiter des questions sémantiques, plus il est difficile de trouver les données adéquates et de développer des systèmes portables ; et plus grands seront les efforts nécessaires pour effectuer des traitements en profondeur.

- Certes, des normes existent pour la sémantique au sens de la connaissance du monde (RDF, OWL, etc.), mais elles ne sont cependant pas facilement applicables dans le domaine du TAL.

- La recherche a réussi à concevoir des logiciels de qualité, mais il est difficile d'offrir des solutions durables et standardisées compte tenu des situations actuelles de financement.

4.5.3 Comparaison entre langues

L'état actuel des Technologies de la Langue varie considérablement d'une langue à l'autre. Afin de comparer la situation pour les différentes langues, cette section présente une évaluation faite par les partenaires de META-NET et basée sur trois technologies (la traduction automatique, le traitement de la parole et l'analyse de texte), ainsi que sur les ressources nécessaires pour produire ces technologies.

Les langues ont été classées en utilisant une échelle sur 5 niveaux :

1. Excellente base
2. Bonne base
3. Base moyenne
4. Base fragmentée
5. Base faible ou inexistante

La catégorisation a été faite avec les critères suivants :

Traitement de la parole : Qualité des technologies de reconnaissance de la parole existantes, qualité des technologies de synthèse vocale existantes, couverture des domaines, nombre et taille des corpus de parole existants, nombre et variété des applications à base de technologies vocales existantes.

Traduction automatique : Qualité des technologies de traduction automatique existantes, nombre de paires de langues couvertes, couverture des phénomènes et des domaines linguistiques, qualité et taille des corpus parallèles existants, nombre et variété des applications de traduction automatique.

Analyse de texte : Qualité et couverture des technologies d'analyse de texte existantes (morphologie, syntaxe, sémantique), couverture des phénomènes et des domaines linguistiques, nombre et variété des applications, qualité et taille des corpus (annotés) existants, qualité et couverture des ressources lexicales existantes (par exemple WordNet) et des grammaires.

Ressources : Qualité et taille des corpus de texte et de parole, et des corpus parallèles existants, qualité et couverture des ressources lexicales et des grammaires existantes

Les tables des figures 15, 16, 17 et 18 montrent que, grâce à l'existence d'une communauté scientifique active et du soutien de quelques programmes structurels importants, la langue française est mieux équipée que la plupart des autres langues. Elle se compare avantageusement avec des langues qui possèdent un nombre voisin de locuteurs comme l'allemand. Mais les données et les outils linguistiques pour le français sont clairement bien loin d'atteindre ce qui existe pour l'anglais, qui domine dans tous les domaines des Technologies de la Langue. Et même pour l'anglais, il manque encore beaucoup de ressources pour développer des applications de haute qualité.

En ce qui concerne le traitement de la parole, les technologies actuelles obtiennent des performances suffisantes pour pouvoir être intégrées dans des applications industrielles, comme les systèmes de dialogue oral ou de dictée vocale. Les composants d'analyse de texte et les ressources couvrent à présent un grand nombre de phénomènes linguistiques du français et permettent de réaliser de nombreuses application nécessitant un traitement de la langue de surface, comme les correcteurs orthographiques et l'aide aux auteurs.

Cependant, pour pouvoir construire des applications plus sophistiquées, comme les systèmes de traduction automatique, il manque clairement des ressources et des technologies qui couvrent un plus large spectre de phénomènes linguistiques et permettent une analyse sémantique profonde du texte. En améliorant la qualité et la couverture de ces ressources et de ces technologies de base, nous pourrons ouvrir de nouvelles opportunités pour traiter un vaste champ d'applications avancées, incluant des systèmes de traduction automatique de qualité.

4.6 OÙ EN SOMMES-NOUS ET QUE RESTE-T-IL À FAIRE ?

Les recherches sur les technologies de la langue pour le français sont très actives dans les pays francophones, où de nombreux laboratoires existent, et où beaucoup de ressources de grande taille et de technologies à l'état de l'art ont été produites et distribuées pour la langue française. Toutefois, la taille des ressources et le nombre d'outils sont encore très limités par rapport à ce qui existe pour la langue anglaise, et sont encore insuffisants pour répondre à toutes les technologies liées à la langue française.

Le tissu industriel est limité, et la plupart des grandes entreprises ont cessé, ou réduit, leur activité dans ce domaine, abandonnant le terrain à plusieurs PME ou TPE, qui peuvent difficilement s'attaquer à un marché international quand la barrière de la langue apparaît comme l'un des principaux facteurs de limitation du e-Commerce transfrontalier dans l'UE [70].

Le financement de la R&D manque de continuité, avec des programmes coordonnés de courte durée interrompus par des périodes de financement faible ou épars, et une coordination manquante avec les programmes existant dans d'autres pays de l'UE ou à la Commission Européenne.

Un grand effort coordonné sur les Technologies de la Langue aiderait à sauver la langue française, tout comme les autres langues et le multilinguisme en général, en Europe et dans le monde [71].

Excellente base	Bonne base	Base moyenne	Base fragmentée	Base faible/ inexistante
	Anglais	Allemand	Basque	Croate
		Espagnol	Bulgare	Islandais
		Finnois	Catalan	Letton
		Français	Danois	Lituanien
		Italien	Estonien	Maltais
		Néerlandais	Galicien	Roumain
		Portugais	Grec	
		Tchèque	Hongrois	
			Irlandais	
			Novégien	
			Polonais	
			Serbe	
			Slovaque	
			Slovène	
			Suédois	

15 : Traitement de la parole : état de la technologie pour 30 langues européennes

Excellente base	Bonne base	Base moyenne	Base fragmentée	Base faible/ inexistante
	Anglais	Espagnol	Allemand	Basque
		Français	Catalan	Bulgare
			Hongrois	Croate
			Italien	Danois
			Néerlandais	Estonien
			Polonais	Finnois
			Roumain	Galicien
				Grec
				Irlandais
				Islandais
				Letton
				Lituanien
				Maltais
				Norvégien
				Portugais
				Serbe
				Slovaque
				Slovène
				Suédois
				Tchèque

16 : Traduction Automatique : état de la technologie pour 30 langues européennes

Excellente base	Bonne base	Base moyenne	Base fragmentée	Base faible/ inexistante
	Anglais	Allemand Espagnol **Français** Italien Néerlandais	Basque Bulgare Catalan Danois Finnois Galicien Grec Hongrois Norvégien Polonais Portugais Roumain Slovaque Slovène Suédois Tchèque	Croate Estonien Irlandais Islandais Letton Lituanien Maltais Serbe

17 : Analyse de textes : état de la technologie pour 30 langues européennes

Excellente base	Bonne base	Base moyenne	Base fragmentée	Base faible/ inexistante
	Anglais	Allemand Espagnol **Français** Hongrois Italien Néerlandais Polonais Suédois Tchèque	Basque Bulgare Catalan Croate Danois Estonien Finnois Galicien Grec Norvégien Portugais Roumain Serbe Slovaque Slovène	Irlandais Islandais Letton Lituanien Maltais

18 : Ressources linguistiques : état pour 30 langues européennes

A PROPOS DE META-NET

META-NET est un Réseau d'Excellence financé en partie par la Commission européenne [72]. En mars 2012, le réseau se compose de 54 centres de recherche de 33 pays européens. META-NET forge META, l'alliance technologique pour une Europe multilingue, communauté grandissante de professionnels et d'organisations travaillant dans le domaine des technologies de la langue en Europe. META-NET favorise la fondation de bases technologiques pour une société de l'information véritablement multilingue en Europe qui (1) rende la communication et la **coopération possible entre les langues** ; (2) accorde à tous les Européens un **accès égal à l'information et à la connaissance**, quelle que soit leur langue ; (3) s'appuie sur les fonctionnalités des **technologies de l'information en réseau**, et les fasse progresser.

Le réseau soutient l'idée d'une Europe unifiée comme un marché numérique et un espace informationnel uniques. Il stimule et encourage les technologies multilingues pour toutes les langues européennes. Ces technologies permettent la traduction automatique, la production de contenus, le traitement de l'information et la gestion des connaissances pour une large variété de domaines et d'applications. Elles permettent également la réalisation d'interfaces intuitives, basées sur la langue, dans des secteurs allant de l'électronique domestique, des machines et des véhicules jusqu'aux ordinateurs et aux robots. Lancé le 1er février 2010, META-NET a déjà conduit de nombreuses activités autour des trois lignes d'action suivantes :

META-VISION rassemble une communauté dynamique et influente d'acteurs du domaine autour d'une vision partagée et d'un Programme Stratégique de Recherche (SRA) commun. L'objectif principal de cette activité est de construire en Europe une communauté cohérente et cohésive sur les Technologies de la Langue en réunissant des représentants de groupes actuellement très fragmentés et diversifiés. Des Livres Blancs identiques à celui-ci ont été également rédigés pour 29 autres langues. Une vision technologique partagée a été élaborée au sein de trois Groupes de Vision sectoriels. Le Conseil Technologique de META a été créé afin de discuter et de préparer ce Programme Stratégique de Recherche, basé sur cette vision, en interaction étroite avec toute la communauté des Technologies de la Langue.

META-SHARE crée un service ouvert et distribué pour échanger et partager des ressources. Le réseau peer-to-peer de dépôts de ressources contiendra des données linguistiques, des outils et des services Web qui seront documentés avec des métadonnées de haute qualité et organisés selon des catégories standardisées. Les ressources sont toutes faciles à trouver et à obtenir. Elles comprennent des ressources gratuites, en mode Open Source, ainsi que des ressources commercialisées, à diffusion limitée, et payantes.

META-RESEARCH construit des ponts vers des domaines de recherche associés. Cette activité vise à tirer parti des progrès dans ces autres domaines et à capitaliser sur les recherches innovantes qui peuvent être bénéfiques pour les Technologies de la Langue. En particulier, la ligne d'action se concentre sur la conduite de recherches de pointe en traduction automatique, la collecte de données et leur préparation et l'organisation des ressources linguistiques à des fins d'évaluation ; la compilation d'inventaires d'outils et de méthodes ; et l'organisation d'ateliers et de séminaires de formation pour les membres de la communauté.

office@meta-net.eu – http ://www.meta-net.eu

EXECUTIVE SUMMARY

Multilingualism is an essential component of the construction of Europe. It is mandatory to give to each European citizen the right to use his or her native language and to each European Member State the capacity to preserve its culture, just as it is essential to facilitate the communication among citizens and help them to cross the language borders in the European community information and commercial space. The same need exists at the level of the whole planet.

Is it acceptable to just silently contemplate the disappearance of European languages, together with the cultures they are part of? As a consequence of the language barriers, can we accept to merely note the weakness of European market growth, to miss having access to the cultural richness of other countries, to ignore the genuine sources of information that shape Europe?

Multilingualism represents an important cost, which results in the fact that minority languages progressively disappear to the benefit of majority languages. Among the circa 6,500 languages which exist in the world, it is estimated that half of them will have disappeared before the end of the present century. Many European languages have already disappeared, or had almost disappeared but were saved only thanks to political will.

How can we process the 48 hours of video in hundreds of languages that are uploaded on YouTube every minute? How can we ensure that European patents are accessible to companies using languages other than English, French or German? How can we allow a professor to teach students who don't speak his or her language? How can we avoid making a researcher write articles in a single language, giving up his or her own language? How can we ensure that a language keeps on enriching itself with new terms at the rhythm of progress in knowledge? How can we avoid having to shift from our mother tongue to another language when we go from a café to a university lecture hall?

Digital technologies, especially language technologies, make a difference. The Web facilitates the production of and getting access to information and knowledge for all users. Wikipedia exists in about 300 languages. Social networks imply the use of the users' languages. Facebook therefore exists in 80 languages, and Twitter in 20. The progress of science has resulted in the availability of language technologies: search engines, speech recognition and synthesis systems, automatic translation of text and speech, etc. for an increasing number of languages. Google Translate addresses about 60 languages, including 20 with spoken interaction; Apple's Siri is available for four languages; Jibbigo, a stand-alone speech translation system, covers a dozen. However, those technologies are only available for about 60 languages, thus about 1% of existing languages, and at various levels of quality and therefore of usability, depending on the language. New systems bring even more advanced functionalities, such as IBM's Watson for Question Answering, which won the Jeopardy TV game show in the US in 2011 but only works for English. However, human knowledge in general cannot be reduced to the knowledge that has been encoded in one single language and according to one single culture.

The support brought by these technologies decreases the cost of multilingualism, therefore making it possible. It is even the only way to make it possible. And some technologies, such as automatic subtitling with translation or spell checkers, facilitate language training.

Can we accept that, in the best case scenario, these technologies are today provided for free by US companies, while it may one day cost us a lot as we may lose our independence and sovereignty? How can we understand that a community of countries, which are willing to share the richness of their cultures but are facing the linguistic barrier as an obstacle to their mutual exchanges, do not invest, do not join together in order to highlight this cultural richness and get rid of this obstacle, unless we acknowledge that they don't address the basic questions that are crucial for their union?

Trying to convince decision makers of the necessity of developing these technologies is however a difficult task. No large industrial group would put multilingualism among their top priorities, whether it be in the sector of the car or plane industries, telecommunications, consumer electronics, computer, medical or audiovisual businesses. However, each of those sectors needs multilingualism for different purposes, and the sum of those small priorities itself is huge. Who will make this computation? Who will explain it? Who will gather the various stakeholders to back it up? Only a strong political will at the level of the European Union could achieve that and demonstrate that language technologies are not only a topic of research and development among others, that language resources are not only data lost among many others, but that they are an essential component of the European construction, shared by most of the European Commission sectors and by all Member States.

META-NET is a Network of Excellence supported by the European Commission. It presently comprises more than 50 research laboratories among the best in the area of language sciences and technologies, in more than 30 European countries. META-NET wrote White Papers on each language that it covers, each being written in that language as well as in English.

The French language is an important international language, with approximately 220 million speakers around the world and, in addition, about 100 million language trainees. It is one of the official languages of the European Union, of more than 30 countries, and also of large international organizations. It was considered for a long time as the preferred language for diplomacy or culture, but English progressively replaced it for all uses. It is very well placed on the Internet where it is ranked 8th of the languages used for Web search queries, following English, but also Spanish, Portuguese and German. As a sign of its capacity to express human knowledge, French is ranked 3rd in Wikipedia, behind English and German. More than 60 languages, including regional languages, are also spoken in metropolitan France or in its overseas territories.

Language Technologies exist for the automatic processing of French, either for written or spoken language, but also for the sign language. They include spell checkers, search engines, speech recognition, synthesis and dialog systems, text and speech translation engines, but also speaker verification or language identification tools, information retrieval or automatic summarization.

French research benefited from programs in this domain, such as the Language Industries Francophone Program (FRANCIL) of the Francophone Universities Association (AUF), or the TechnoLangue program supported by several French ministries. Nowadays, the large French-German Quaero program on the automatic processing of multilingual and multimedia documents gathers about 30 industrial and academic partners around the development of eight applicative projects, and of more than 30 technologies for the processing of written and spoken language, image, video and music. It is entirely structured around the systematic evaluation of technology progress and the production of the data that is necessary for developing and testing those technologies.

All those projects allowed for investing in producing the data that is necessary for the development of technologies for the French language. This puts French in an excellent position within the group of European languages benefiting from those technologies, at a rank which also includes German, Spanish, Italian and Dutch, but which appears far behind English, given that none of the languages presently benefit from the full set of language technologies with a sufficient level of quality and from the data needed for developing those technologies. International evaluation campaigns show in an objective and quantitative way that French research laboratories and the technologies they develop are among the best in the world.

However, French companies, just like European ones, are almost all SMEs that compete with difficulty with big US companies such as Google, Apple, IBM, Microsoft or Nuance, all of which invested massively in these technologies. Ironically, many researchers of those US companies have been trained in European Research laboratories.

The situation looks similar in other large industrialized countries where the French language is widely used: Belgium, Switzerland and Canada.

The funding of research and innovation on Language Technologies lacks continuity and is made up of short-term coordinated programs interrupted by periods of low or sparse financing. It also lacks coordination with programs that exist in other states of the European Union, or at the European Commission, even though this research topic seems to be ideally placed for benefiting from a shared transnational effort. The situation is similar within the European Commission, where the priority assigned to this domain varies over time. It sometimes benefits from a specific interest through a dedicated Commissioner, Unit and action line in the Framework Program, and other times it gets merged into a conglomerate of various natures, while its unique role in the construction of Europe is clearly identified.

A European directive such as the one for the access to information for the handicapped people, expressing the importance of removing language barriers and stating that any European citizen, whatever his or her language, should be able to have access to any information produced in the European Union, be it a book, a newspaper, a TV or radio broadcast, a movie, etc., whatever the language in which it has been produced, would provide a big push to that sector.

A large, coordinated program on Language Technologies in the framework of the next European program for research and innovation would help to allow for multilingualism and therefore save French in all its dimensions, as well as other national or regional languages, and facilitate cultural and commercial exchanges in Europe and beyond.

LANGUAGES AT RISK: A CHALLENGE FOR LANGUAGE TECHNOLOGY

We are living a digital revolution that is dramatically impacting communication and society. Recent developments in information and communication technology are sometimes compared to Gutenberg's invention of the printing press. What can this analogy tell us about the future of the European information society and our languages in particular?

We are witnessing a digital revolution that is comparable to Gutenberg's invention of the printing press.

After Gutenberg's invention, real breakthroughs in communication were accomplished by efforts such as Luther's translation of the Bible into vernacular language. In subsequent centuries, cultural techniques have been developed to better handle language processing and knowledge exchange:

- the orthographic and grammatical standardization of major languages enabled the rapid dissemination of new scientific and intellectual ideas;
- the development of official languages made it possible for citizens to communicate within certain (often political) boundaries;
- the teaching and translation of languages enabled exchanges across language communities;
- the creation of editorial and bibliographic guidelines assured the quality of printed material;

- the creation of different media like newspapers, radio, television, books, and other formats satisfied different communication needs.

In the past twenty years, information technology has helped to automate and facilitate many processes:

- desktop publishing software has replaced typewriting and typesetting;
- Microsoft PowerPoint has replaced overhead projector transparencies;
- e-mail allows documents to be sent and received more quickly than using a fax machine;
- Skype offers cheap Internet phone calls and hosts virtual meetings;
- audio and video encoding formats make it easy to exchange multimedia content;
- Web search engines provide keyword-based access;
- online services like Google Translate produce quick, approximate translations;
- social media platforms such as Facebook, Twitter and Google+ facilitate communication, collaboration, and information sharing.

Although these tools and applications are helpful, they are not yet capable of supporting a fully-sustainable, multilingual European society in which the circulation of citizens, goods and information is free of the linguistic barriers.

2.1 LANGUAGE BORDERS HOLD BACK THE EUROPEAN INFORMATION SOCIETY

We cannot predict exactly what the future information society will look like. However, there is a strong likelihood that the revolution in communication technology is bringing together people who speak different languages in new ways. This is putting pressure both on individuals to learn new languages and especially on developers to create new technology applications to ensure mutual understanding and access to shareable knowledge. In the global economic and information space, there is an increasing interaction between different languages, speakers and content thanks to new types of media. The current popularity of social and collaborative media (Wikipedia, Facebook, Twitter, YouTube, and, recently, Google+) is only the tip of the iceberg.

A global economy and information space confronts us with different languages, speakers and content.

Today, we can transmit gigabytes of text around the world so quickly that we may even not have the time to recognize that the content is in a language that we do not understand. According to a recent report from the European Commission, 57% of Internet users in Europe purchase goods and services in non-native languages; English is the most common foreign language followed by French, German and Spanish. 55% of users read content in a foreign language while 35% use another language to write e-mails or post comments on the Web [2]. A few years ago, the vast majority of content on the Web was in English. However, the situation has now drastically changed. The amount of online content in other European (as well as Asian and Middle Eastern) languages has exploded.

Which European languages will thrive in the networked information and knowledge society, and which are doomed to disappear?

Surprisingly, this ubiquitous digital linguistic divide has not gained much public attention; yet, it raises a very pressing question: Which European languages will thrive in the networked information and knowledge society, and which are doomed to disappear?

2.2 OUR LANGUAGES AT RISK

While the printing press helped step up the exchange of information in Europe, it also led to the extinction of many European languages. Regional and minority languages were rarely printed and languages such as Cornish and Dalmatian were limited to oral forms of transmission, which in turn restricted their scope of use. Will the Internet have the same impact on our modern languages?

The wide variety of languages in Europe is one of its richest and most important cultural assets.

Europe's approximately 80 languages are one of our richest and most important cultural assets, and a vital part of this unique social model [3]. While languages such as English and Spanish are likely to survive in the emerging digital marketplace, many European languages could become irrelevant in a networked society. This would weaken Europe's global standing, and run counter to the strategic goal of ensuring equal participation for every European citizen regardless of language. According to a UNESCO report on multilingualism, languages are an essential medium for the enjoyment of fundamental rights, such as political expression, education and participation in society [4].

2.3 LANGUAGE TECHNOLOGY IS A KEY ENABLING TECHNOLOGY

In the past, investments in language preservation focussed primarily on language education and translation. According to one estimate, the European market for translation, interpretation, software localization and Web site globalization was €8.4 billion in 2008 and is expected to grow by 10% per annum [5]. Yet this figure covers just a small proportion of current and future needs in communicating between languages. The most compelling solution for ensuring the breadth and depth of language usage in Europe tomorrow is to use appropriate technology, just as we use technology to solve our transport and energy needs among others.

Language technology targeting all forms of written text and spoken discourse can help people to collaborate, conduct business, share knowledge and participate in social and political debate regardless of language barriers and computer skills. It often operates invisibly inside complex software systems to help us already today to:

- find information with a search engine;
- check spelling and grammar in a word processor;
- view product recommendations in an online shop;
- follow the spoken directions of a navigation system;
- translate Web pages, emails, blogs, etc. via an online service.

Language technology consists of a number of core applications that enable processes within a larger application framework. The purpose of the META-NET language white papers is to focus on how ready these core enabling technologies are for each European language.

Europe needs robust and affordable language technology for all European languages.

To maintain our position in the frontline of global innovation, Europe will need language technology, tailored to all European languages, that is robust and affordable and can be tightly integrated within key software environments. Without language technology, we will not be able to achieve a really effective interactive, multimedia and multilingual user experience in the near future.

2.4 OPPORTUNITIES FOR LANGUAGE TECHNOLOGY

In the world of print, the technology breakthrough was the rapid duplication of an image of a text using a suitably powered printing press. Human beings had to do the hard work of looking up, assessing, translating, and summarizing knowledge. We had to wait until Edison to record spoken language – and again his technology simply made analog copies.

Language technology can now simplify and automate the processes of translation, content production, and knowledge management for all European languages. It can also empower intuitive speech-based interfaces for household electronics, machinery, vehicles, computers, telephones and robots. Real-world commercial and industrial applications are still in the early stages of development, yet R&D achievements are creating a genuine window of opportunity. For example, machine translation is already reasonably accurate in specific domains, and experimental applications provide multilingual information and knowledge management, as well as content production, in many European languages.

As with most technologies, the first language applications such as voice-based user interfaces and dialogue systems were developed for specialised domains, and often exhibit limited performance. However, there are huge market opportunities in the education and entertainment industries for integrating language technologies into games, edutainment packages, libraries, simulation environments and training programmes. Mobile information services, computer-assisted language learning software, eLearning environments, self-assessment tools and plagiarism detection software are just some of the application areas in which language technology can play an important role. The popularity of social media applications like Twitter and Facebook calls for sophisticated language technologies that can monitor posts, summarize discussions, suggest opinion trends, detect emotional responses, identify copyright infringements or track misuse.

Language technology represents a tremendous opportunity for the European Union. It can help to address the complex issue of multilingualism in Europe – the fact that different languages coexist naturally in European businesses, organizations and schools. However, citizens need to communicate across the language borders of the European Common Market, and language technology can help overcome this final barrier, while supporting the free and open use of individual languages. Looking even further ahead, innovative European multilingual language technology will provide a benchmark for our global partners when they begin to support their own multilingual communities. Language technology can be seen as a form of "assistive" technology that helps overcome the "disability" of linguistic diversity and makes language communities more accessible to each other. Finally, one active field of research is the use of language technology for rescue operations in disaster areas [6], where performance can be a matter of life and death: Future intelligent robots with cross-lingual language capabilities have the potential to save lives.

Language technology helps overcome the "disability" of linguistic diversity.

2.5 CHALLENGES FACING LANGUAGE TECHNOLOGY

Although language technology has made considerable progress in the last few years, the current pace of technological progress and product innovation is too slow. Widely-used technologies such as the spelling and grammar correctors in word processors are typically monolingual, and are only available for a handful of languages. Online machine translation services, although useful for quickly generating a reasonable approximation of a document's contents, generate way too many errors to be used when accurate and complete translations are required.

The current pace of technological progress is too slow.

Due to the complexity of human language, modelling our tongues in software and testing them in the real world is a long, costly business that requires sustained funding commitments. Europe must therefore maintain its pioneering role in facing the technological challenges of a multiple-language community by inventing new methods to accelerate development right across the map. These could include both computational advances and techniques such as crowdsourcing.

2.6 LANGUAGE ACQUISITION IN HUMANS AND MACHINES

To illustrate how computers handle language and why it is difficult to program them to process different tongues, let's look briefly at the way humans acquire first and second languages, and then see how language technology systems work.

Humans acquire language skills in two different ways. Babies acquire a language by listening to the real interactions between their parents, siblings and other family members. From the age of about two, children produce their first words and short phrases. This is only possible because humans have a genetic disposition to imitate and then rationalize what they hear.

Learning a second language at an older age requires more cognitive effort, largely because the child is not immersed in a language community of native speakers. At school, foreign languages are usually acquired by learning grammatical structure, vocabulary and spelling using drills that describe linguistic knowledge in terms of abstract rules, tables and examples.

Humans acquire language skills in two different ways: learning from examples and learning the underlying language rules.

Moving now to language technology, the two main types of systems 'acquire' language capabilities in a similar manner. Statistical (or "data-driven") approaches obtain linguistic knowledge from vast collections of concrete example texts in one language or from what we call *parallel texts*. While it is sufficient to use text in a single language for training, e. g., a spell checker, parallel texts in two (or more) languages have to be available for training a machine translation system. The machine learning algorithm then "learns" patterns of how words, short phrases and complete sentences are translated.

This statistical approach usually requires millions of sentences to boost performance quality. This is one reason why search engine providers are eager to collect as much written material as possible. Some of the spelling correctors imbedded in word processors, and services such as Google Search and Google Translate, rely on statistical approaches. The great advantage of statistics is that the machine learns quickly in a continuous series of training cycles, even though quality can vary randomly.

The second approach to language technology, and to machine translation in particular, is to build rule-based systems. Experts in the fields of linguistics, computational linguistics and computer science first have to encode grammatical analyses (translation rules) and compile vocabulary lists (lexicons). This is very time consuming, labour intensive and a proper coverage of the linguistic phenomena is uncertain. Some of the leading rule-based machine translation systems have been under constant development for more than 20 years. The great advantage of rule-based systems is that the experts have more detailed control over the language processing. This makes it possible to systematically correct mistakes in the software and give detailed feedback to the user, especially when rule-based systems are used for language learning. However, due to the high cost of this work, rule-based language technology has so far only been developed for a few major languages.

The two main types of language technology systems acquire language in the same ways as humans.

As the strengths and weaknesses of statistical and rule-based systems tend to be complementary, current research focusses on hybrid approaches that combine the two methodologies. However, these approaches have so far been less successful in industrial applications than in the research lab.

As we have seen in this chapter, many applications widely used in today's information society rely heavily on language technology, particularly in Europe's economic and information space. Although this technology has made considerable progress in the last few years, there is still huge potential to improve the quality of language technology systems. In the next sections, we describe the role of French in European information society and assess the current state of language technology for the French language.

3

THE FRENCH LANGUAGE IN THE EUROPEAN INFORMATION SOCIETY

3.1 FRENCH: AN INTERNATIONAL LANGUAGE AND THE NATIONAL LANGUAGE OF FRANCE

With 128 million "native and real speakers" worldwide [7] and an estimate of close to 300 million persons speaking French [8] overall, French appears only as the 16th most spoken native language [9], but as the 6th most spoken language in the world, after English, Chinese Mandarin, Spanish, Hindi and Russian [10]. In Europe, it is estimated that 129 million people speak French making it the 3rd most spoken second language, after English and German [8]. It is ranked second after English as an official language in close to 30 countries around the world, most notably in Europe (France, 65 million speakers, Belgium, 7 million speakers, Switzerland, 3 million speakers, and Luxembourg), Africa, Canada and Haiti [11]. All French-speaking countries constitute *La Francophonie*, which is taken in charge by a Ministry in the French government.

Regarding the number of translations worldwide as studied by the UNESCO, it is ranked 2nd as a source language (however far behind English), and 3rd as a target language, after German and Spanish [12]. This can be interpreted as the fact that the production of intellectual assets in French is important and of interest for non-francophones, and that it already covers a relatively large amount of the francophone needs.

French formally appears in the Constitution as the official language of France since 1992, but is considered as such since 1539. In order to take into account the *European Charter for Regional or Minority Languages*, it has also been added in 2009 in the constitution that regional languages spoken in France are part of its cultural heritage. Nowadays, several primary schools are bilingual, both in French and in a regional language, like in Brittany or Corsica.

The *Académie Française* has been established in 1635 as the pre-eminent body to address matters related to the French language, including the maintenance of a reference dictionary. Although its work does not really impact the usage of French in the real word, it results in a control of neologisms, within its participation in the *Commission Générale de Terminologie et Néologie*, compared with the English language, or even to the French language spoken in Canada. The *Fondation Alliance Française* is an organization whose mission is to promote French language and culture outside France, with close to 1,000 *Alliances Françaises* representations and 500,000 students in 135 countries all over the world [13].

The *Conseil Supérieur de la Langue Française* (CSLF) [14] has the task to advise the government on any question regarding the use of the French language. It is chaired by the Prime Minister and comprises about 25 members, including the ministries in charge of Education and Francophonie, the *Secrétaires Perpétuels* of the *Académie Française* and of the *Académie des Sciences* and the Chair of the *Commission Générale de Terminologie et Néologie*. Similar Councils exist in Belgium [15] and Québec [16].

The *Délégation Générale à la Langue Française* (DGLF) [17] became Délégation générale à la Langue Française et aux Langues de France (DGLFLF) in 2001. Formally attached to the Ministry of Culture and Communication, its mission is to elaborate the policies regarding languages in relationship with all ministries, both for the French language and for the various 80 languages spoken in France (including overseas: see section 3.8). DGLFLF organized the *Etats-Généraux du Multilinguisme* in 2008 and the *Etats-Généraux du Multilinguisme en Outre-Mer* in 2011.

France always strongly defended the French language on the international scene, either as such (it was prior to the mid 20th century the pre-eminent language of diplomacy), or in the framework of Multilingualism [18]. The French constitution says that the language of the French Republic is French. Information to the consumers and advertising should be in French or have a French translation, and all participants in a scientific debate in France have the right to express themselves in French. Employees should be free to use French and should have access in French to office systems in any company. All audio-visual services that broadcast in France are required to use the French language. Radios should include a quota of French content, while TV may fully broadcast in a foreign language. Only official Web sites are required to use French on the Internet. At the same time, the legislation aims at promoting plurilingualism: where an administration translates information intended to the public, it should be done at least in two foreign languages, and the law also aims at two languages other than French in education.

As of 2011, French is one of the 23 official languages of the EU and one of the three main working languages at the European Commission, with English and German. However, its use is strongly decreasing [19]. In 2001, 56.8% of the pages processed by the European Commission were in English, compared with 29.8% for French [8]. French is 2nd after English and before German, both as source and target language, but, considering source languages, the percentage of translations increased for English from 45% to 72% between 1997 and 2007, while it decreased for French from 40% to 12% (!) and for German from 5% to 3% (with an increase from 8% to 13% for the remaining 20 EU official languages) [5].

It is also a working language at the OECD (Organization for Economic Co-operation and Development), at the United Nations (including UNESCO and ILO (International Labour Organization), together with English, Spanish, Russian, Mandarin Chinese and Arabic), one of the three languages of the Olympic Games, together with English and the language of the organizing country, one of the three official languages, with English and German, at the European Patent Office (EPO), and one of the four working languages of the African Union, together with Arabic, English and Portuguese.

3.2 SUPPORTING MULTILINGUALISM TO SUPPORT FRENCH

During its presidency of the European Union, France took the initiative of organizing the *Etats Généraux du Multilinguisme* (Multilingualism Summit) in Paris in September 2008. This event attracted about 1,000 participants at La Sorbonne, including the EC Commissioner for Multilingualism and several European ministers. It was accompanied by a note of the French Presidency to the European Council on the topic of "Multilingualism, translation and intercultural dialog" and, on November 2008, by a resolution of the European Council on a European strategy on Multilingualism, which specifically encourages *"the development of language technologies, in particular in the field of translation and interpretation, firstly by promoting cooperation between the Commission, the Member States, local authorities, research bodies and industry, and secondly by ensuring convergence between research programs, the identification of areas of application and the deployment of the technologies across all EU languages"* [20]. This resolution has not produced yet any effect.

3.3 THE DIFFICULTIES AND JOYS OF THE FRENCH LANGUAGE

French is a Latin language, together with others such as Italian, Spanish, Catalan, Portuguese and Romanian, which cooperate in the *Union Latine* [21]. French is not usually considered a very "difficult" language to learn for non-Romance language speakers, but speaking and writing it well – both skills much appreciated by French people – can naturally be demanding. Depending on the linguistic background of the individual, typical difficulties encountered by second-language learners include the pronunciation of the many distinct vowels (especially the "nasal" vowels), the conjugations of verbs, the correct use of the subjunctive, and the considerable mismatch between orthography and pronunciation, which puts a heavy burden on learning to spell (as is equally true for English but not for Italian and Romanian for example). It presents many difficulties such as the choice of the gender of the words or the orthography of the words. Indeed, the orthography is complex enough for the French to organize national dictation competitions (see also the highly complex *Dictée de Mérimée*, Mérimée Dictation exercise).

At the same time, French has the advantage of a long tradition as everyone's favourite second language and the medium of diplomacy and culture throughout Europe, Russia and the Americas since the 18th century. Written French tends to nominalize rather than verbalize concepts, making it a powerful medium for legal and technical argument and explanation where clarity and unambiguousness are paramount.

The French also like playing with their language. One may refer to the Oulipo [22], to verlan [23], to the Slam [24] or more generally to the use of French in arts [25]. Jean Véronis, a researcher in Language Processing, got a huge success with a blog [26] called *"Technologies du langage"* (Language Technologies) devoted to linguistic analysis in various domains, and especially in politics, which was ranked 1st blog in science in France in 2011, and includes interesting data such as the study of the language of French politicians (see Figure 1).

3.4 FRENCH IN THE CYBERSPACE

French is now very present over the Internet, and ranked 8th (see Figure 2) at the end of 2009, with 57 million users in the world [27].

Collaborative free encyclopedia projects like Wikipedia receive a strong French contribution (1.19 million articles in January 2012), next to the German contribution (1.34 million articles), but well behind the English contribution (3.84 million articles) [28].

A law on accessibility has been voted in 2005 which makes it mandatory to provide access to information for the disabled, with an extension to Digital information (e-Accessibility) in 2009 [29]. This would request the use of transmedia Language Technologies, such as speech synthesis for the blind, or sign language generation for the deaf.

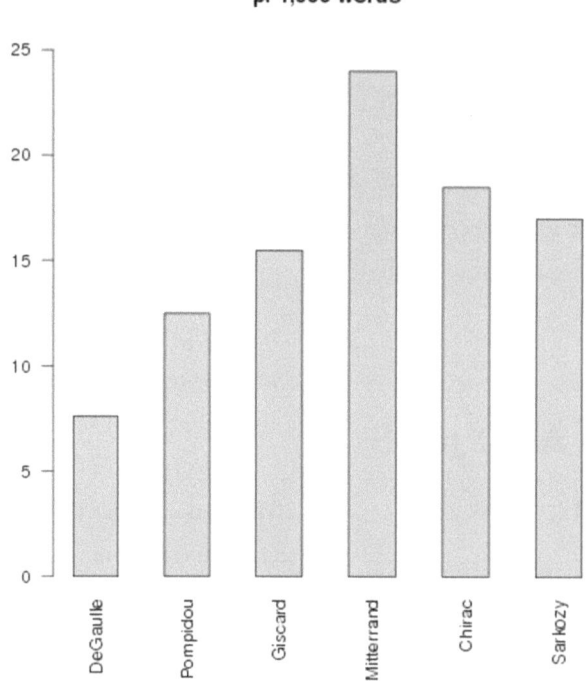

p. 1,000 words

1: Frequency of the use of «Je» ("I") in their talks by several French Presidents

3.5 WHAT IS THE WEIGHT OF FRENCH?

Several studies have been conducted on the place of the French language in the world. In the book *Le poids des langues* (The Weight of Languages) [30], A. Calvet and L. J. Calvet propose to define an index for measuring that weight, which could include the number of speakers, as a first or second language, the number of foreign speakers, the number of countries where it is an official language, the number of translations (as source or target language), the presence of the language on the cyberspace (content and access), but also the number of books published or the number of Nobel prizes in literature. Needless to say that French gets a good ranking according to this index, second to English.

3.6 NO MULTILINGUALISM WITHOUT LANGUAGE TECHNOLOGIES

French has the status of an international language, even though it loosed a lot of its supremacy with the raise of English (or Globish, Global English), as the international "Lingua Franca" (!) [31]. It still appears as an official language in many countries and many international organizations. However, with globalization, the supremacy of English may result in a monopolistic position in economy and culture, which has strong political consequences. Many meetings are now conducted in English, and many documents are produced in English as the single language. Some French industrial groups ask their employees to speak English and write in English, and some Higher Education courses are taught in

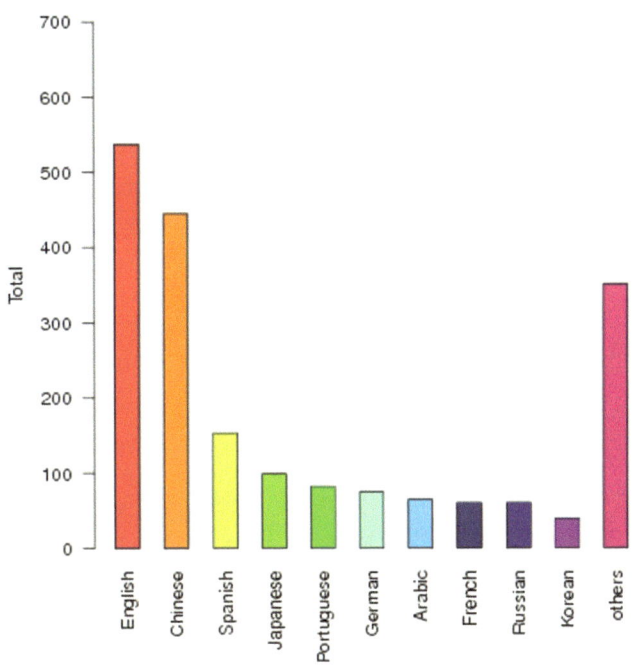

2: Top 10 languages on the Internet by the end of 2009 (in millions of users) [27]

English. The salvation of French, just as for many other languages, goes through multilingualism which can at the same time preserve the individual cultures and allow for communicating among people speaking different languages. However, the cost of multilingualism is huge, both in terms of financing and in terms of workload. Language Technologies may appear as the only way to allow for multilingualism, by cutting costs and workload, and to save endangered languages, including French in the long term.

3.7 THE FRENCH LANGUAGE OVER THE WORLD

The French language is spoken in many countries all over the world [8].

Europe

Andorra: Catalan is the only official language of Andorra; however, French is commonly used because of the proximity to France.

Belgium: In Belgium, French is the official language of Wallonia (excluding the East Cantons, which are German-speaking) and one of the two official languages – along with Flemish – of the Brussels-Capital Region.

Italy: French is an official language, along with Italian, in the small region of Aosta Valley in Italy.

Luxemburg: French is one of the three official languages of the Grand Duchy of Luxembourg, alongside German and Luxembourgish.

Monaco: Although Monegasque is the national language of the Principality of Monaco, French is the only official language.

Switzerland: French is one of the four official languages of Switzerland (along with German, Italian and Romansh).

The United-Kingdom and the Channel islands: French is an official language in both Jersey and Guernsey.

North & South America

Canada: French is the second most common language in Canada, after English, and both are official languages at the federal level. French is the sole official language in the province of Québec, being the mother tongue for some 6 million people. New Brunswick, where about a third of the population is francophone, is the only officially bilingual province. Portions of Eastern Ontario, North-eastern Ontario, Nova Scotia and Manitoba have sizable French minorities, but its prescription as an official language in those jurisdictions and the level of francophone services vary. Smaller pockets of French speakers exist in all other provinces.

Haïti: French is one of Haiti's two official languages, with Haitian Creole.

French overseas departments and territories in the Americas: French is also the official language in France's overseas departments and territories of French Guiana, Guadeloupe, Martinique, Saint Barthélémy, St. Martin and Saint-Pierre et Miquelon.

The United States: French is the fourth most-spoken language in the United States, after English, Spanish and Chinese, and the second most-spoken in the states of Louisiana, Maine, Vermont and New Hampshire. Louisiana is home to many distinct dialects, of which Cajun French has the largest number of speakers. According to the 2000 US Census, there are over 194,000 people in Louisiana who speak French at home.

Brazil: The French language in Brazil was spoken for a brief period during the colonial attempts of France Antarctique and France Equinoctiale. Today the Karipuna indigenous community (nearly 30,000 people) of Amapá in North Brazil speaks a French creole, the Lanc-Patuá, possibly related to the French Guiana Creole.

Africa

A majority of the world's French-speaking population lives in Africa. According to the 2007 report by the *Organisation internationale de la Francophonie*, an estimated 115 million African people spread across 31 Francophone African countries can speak French as either a first or a second language. Due to the rise of French in Africa, the total French-speaking population is expected to reach 700 million people in 2050.

French is an official language in many African countries, most of them former French or Belgian colonies: Benin, Burkina Faso, Burundi, Cameroon, Central African Republic, Chad, Comoros, Republic of the Congo, Côte d'Ivoire, Democratic Republic of the Congo, Djibouti, Equatorial Guinea, Gabon, Guinea, Madagascar, Mali, Niger, Rwanda, Senegal, Seychelles, Togo.

In addition, French is an administrative language and commonly used, though not on an official basis, in Mauritius and in the Maghreb states: Algeria, Mauritania, Morocco and Tunisia.

French overseas departments and territories in Africa: French is also the official language of Mayotte and La Réunion, two overseas territories of France located in the southwest Indian Ocean.

Asia

Southwest Asia: Arabic is the official language of Lebanon, while a special law shall regulate the use of French. French is considered a second language by the Lebanese people and is widely used, especially for administrative purposes. It is taught in many schools as a secondary language along with Arabic and English. Like Lebanon, French was official in Syria until 1943. There are also a significant number of native and second-language French-speakers in Israel.

Southeast Asia: French is an administrative language in Laos and Cambodia, although its influence has waned in recent year. In colonial Vietnam, the elites spoke French, and many who worked for the French spoke a French creole known as "TâBôi" (now extinct). The language was also spoken by the elite in the leased territory of Guangzhouwan in southern China.

India: French has de jure official status in the Indian Union Territory of Pondicherry, along with the regional languages Tamil and Telugu. French is also taught in schools in Chandannagar (a former French colony in West Bengal).

Oceania/Australasia

French is an official language of the Pacific Island nation of Vanuatu where 45% of the population can speak French. In the French territory of New Caledonia, 97% of the population can speak, read and write French. In the French territory of Wallis and Futuna, 78% of the population can speak, read and write French.

3.8 THE LANGUAGES SPOKEN IN FRANCE

Many different languages are spoken in France [8].

Metropolitan France. *Regional languages*: Alsacien, Basque, Breton, Catalan, Corse, Flamand occidental, Francique mosellan, Franco-provençal, Langues d'oïl (Franc-comtois, Wallon, Champenois, Picard, Normand, Gallo, Poitevin-saintongeais [in two varieties: Poitevin and Saintongeais], Lorrain, Bourguignon-morvandiau), "Parlers" d'oc or Occitan (Gascon, Languedocien, Provençal, Auvergnat, Limousin, Vivaro-alpin). *Non-territorial Languages*: dialectal Arabic, occidental Armenian, Berber, Judeo-Spanish, Romani, Yiddish.

Overseas: *Caribbean zone: Creole with French lexical basis*: Guadeloupéen, Guyanais, Martiniquais. *Creole bushinenge in Guyane (with anglo-portuguese lexical basis)*: Saramaca, Aluku, Njuka, Paramaca. *Amerindian Languages in Guyana*: Galibi (or Kalina), Wayana, Palikur, Arawak (or Iokono), Wayampi, Emerillon ; Hmong.

La Réunion: Reunionian creole (french lexical basis).

Nouvelle Calédonie: 28 kanak languages. *Grande Terre*: Nyelâyu, Kumak, Caac, Yuaga, Jawe, Nemi, Fwâi, Pije, Pwaamei, Pwapwâ, Voh-Koné language, Cèmuhi, Paicî, Ajië, Arhâ, Arhö, ôrôwe, Neku, Sîchë, Tîrî, Xârâcùù, Xaragurè, Drubéa, Numèè. *Loyauté islands*: Nengone, Drehu, Iaai, Fagauvea.

French Polynesia: Tahitian, Marquisian, Tuamotu languages, Mangarevian language, Austral Islands languages: Ra'ivavae language, Rapa, Ruturu.

Wallis and Futuna islands: Wallisian, Futunian.

Mayotte: Maore, Malagasy of Mayotte.

French Sign Language (FSL)

4
LANGUAGE TECHNOLOGY SUPPORT
FOR FRENCH

4.1 LANGUAGE TECHNOLOGIES

Language technologies are information technologies that are specialized for dealing with human language. Therefore these technologies are also often subsumed under the term Human Language Technologies. Language technology is an established area of research with an extensive set of introductory literature. The interested reader is referred for instance to [32, 33].

Human language occurs in spoken, written and signed forms. Whereas speech is the oldest and most natural mode of language communication, complex information and most of human knowledge is maintained and transmitted in written texts. Speech and text technologies process or produce language in these two modes of realization. But language also has aspects that are shared between speech and text such as dictionaries, most of grammar and the meaning of sentences. Thus large parts of language technology cannot be subsumed under either speech or text technologies. Among those are technologies that link language to knowledge. Figure 3 illustrates the Language Technology landscape. In our communication, we mix language with other modes of communication and other information media. We combine speech with gesture and facial expressions. Digital texts are combined with pictures and sounds. Movies may contain language in spoken and written form. Thus speech and text technologies overlap and interact with many other technologies that facilitate processing of multimodal communication and multimedia documents. Sign language allows hearing impaired people to communicate.

4.2 LANGUAGE TECHNOLOGY APPLICATION ARCHITECTURES

Software applications for language processing consist of several components that mirror different aspects of language and of the task they implement. Figure 4 displays a highly simplified architecture that can be found in a text processing system. The first three modules deal with the structure and meaning of the text input:

- Pre-processing: cleaning up the data, removing formatting, detecting the input language, etc.
- Grammatical analysis: finding the verb, its objects, modifiers, the sentence structure etc.
- Semantic analysis: disambiguation (Which meaning of "apple" is the right one in a given context?), resolving anaphora and referring expressions like "she", "the car", etc.; representing the meaning of the sentence in a machine-readable way.

Task-specific modules then perform many different operations such as automatic summarization of an input text, database look-ups and many others. Below, we will illustrate core application areas and highlight their core modules. Again, the architectures of the applications are highly simplified and idealised, to illustrate the com-

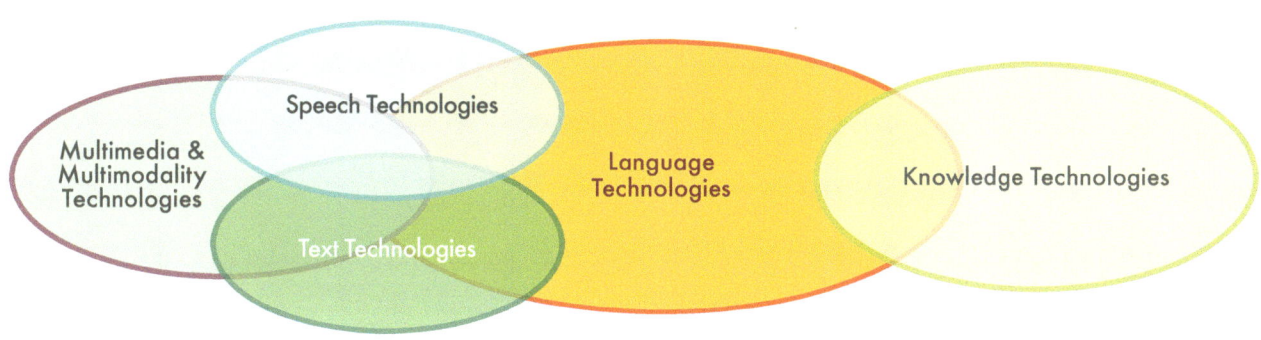

3: Language Technologies

plexity of Language Technology (LT) applications in a generally understandable way.

After introducing the core application areas, we will give a short description of the situation regarding LT for French, with an overview of past and on-going research programs. At the end of this section, we will present an estimate of the situation regarding core LT tools and resources on a number of dimensions such as availability, maturity, or quality. This table intends to give a gross and global overview on the situation of LT for French.

4.3 CORE APPLICATION AREAS

4.3.1 Language Checking

Anyone using a word processing tool such as Microsoft Word has come across a spell-checking component that indicates spelling mistakes and proposes corrections.

40 years after the first spelling correction program by Ralph Gorin, language checkers nowadays (see Figure 5) do not simply compare the list of extracted words against a dictionary of correctly spelled words, but have become increasingly sophisticated. In addition to language-dependent algorithms for handling morphology (e. g., plural formation), some are now capable of recognizing simple syntax-related errors, such as a missing verb or a verb that does not agree with its subject in person and number, e. g., in "She *write a letter."

However, for other common error types current methods are not sufficient. For example, take a look at the following first verse of a poem by Jerrold H. Zar [34]:

Eye have a spelling chequer,
It came with my Pea Sea.
It plane lee marks four my revue
Miss Steaks I can knot sea.

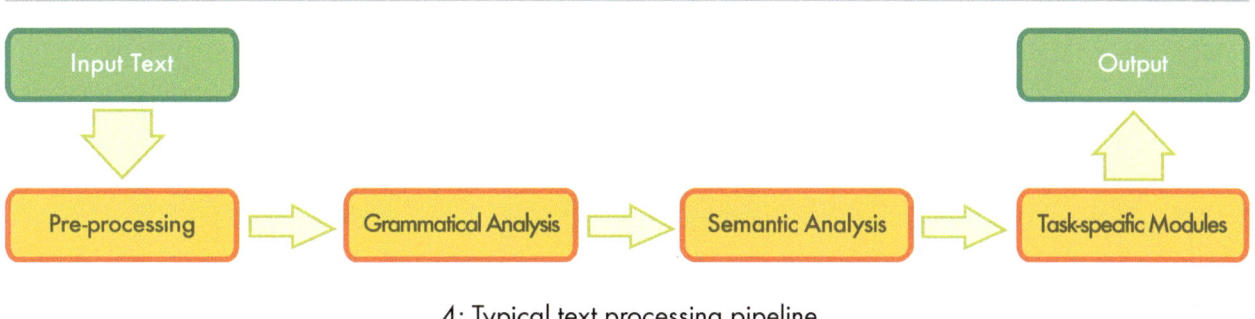

4: Typical text processing pipeline

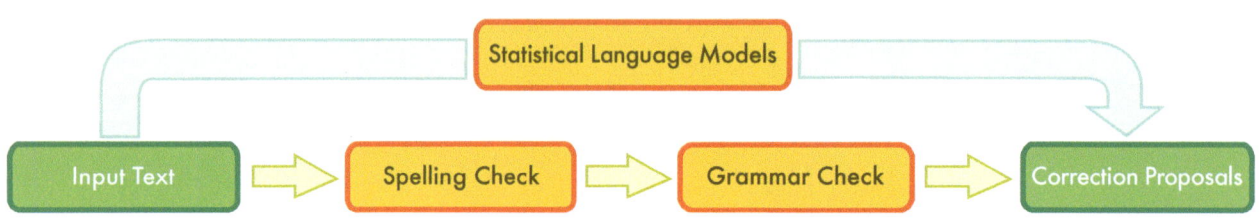

5: Typical architecture for a rule based (yellow arrows) or statistical (blue arrow) spell-checker

Most available spell checkers (including Microsoft Word) will find no errors in this poem because they mostly look at words in isolation. However, for detecting so-called homophone errors (e.g., "Eye" instead of "I"), the language checker needs to consider the context in which a word occurs.

This either requires the formulation of language-specific **grammar rules**, i. e., a high degree of expertise and manual labour, or the use of a **statistical language model** to calculate the probability of a particular word occurring along with the preceding and following words. For a statistical approach, usually based on n-grams, a large amount of language data (i. e., a **corpus**) is required to obtain sufficient statistical information.

Up to now, these approaches have mostly been developed and evaluated on English language data. However, they do not necessarily transfer well to other languages, e. g., highly inflectional ones or languages with a flexible word order like German. For these more complex languages, an advanced high-precision language checker may require the development of more sophisticated methods, involving a deeper linguistic analysis.

Language checking is not limited to word processors; it is also used in **authoring support systems**, i. e., software environments in which manuals and other documentation are written to special standards for complex IT, healthcare, engineering and other products. Fearing customer complaints about incorrect use and damage claims resulting from poorly understood instructions, companies are increasingly focusing on the quality of technical documentation while targeting the international market (via translation or localization) at the same time. Advances in natural language processing have led to the development of authoring support software, which helps the writer of technical documentation use vocabulary and sentence structures that are consistent with industry rules and (corporate) terminology restrictions, or that are simple in order to facilitate understanding by non-native speakers or translation. Besides spell checkers and authoring support, language checking is also important in the field of computer-assisted language learning. And language checking applications also automatically correct search engine queries, as found in Google's "*Did you mean...?*" suggestions.

In France, Synapse Développement markets the advanced Cordial spelling and grammatical checker for French (available online on the Reverso website), besides the spell-checkers Antidote of Druide Informatique and Prolexis of Éditions Diagonal.

4.3.2 Web search

The Google search engine (see Figure 6 for a typical architecture), which started in 1998, is nowadays used for about 80% of all search queries worldwide [35], and is also very popular in France. Neither the search interface nor the presentation of the retrieved results has significantly changed since the first version. In the current version, Google offers a spelling correction for misspelled words and also, in 2009, incorporated basic seman-

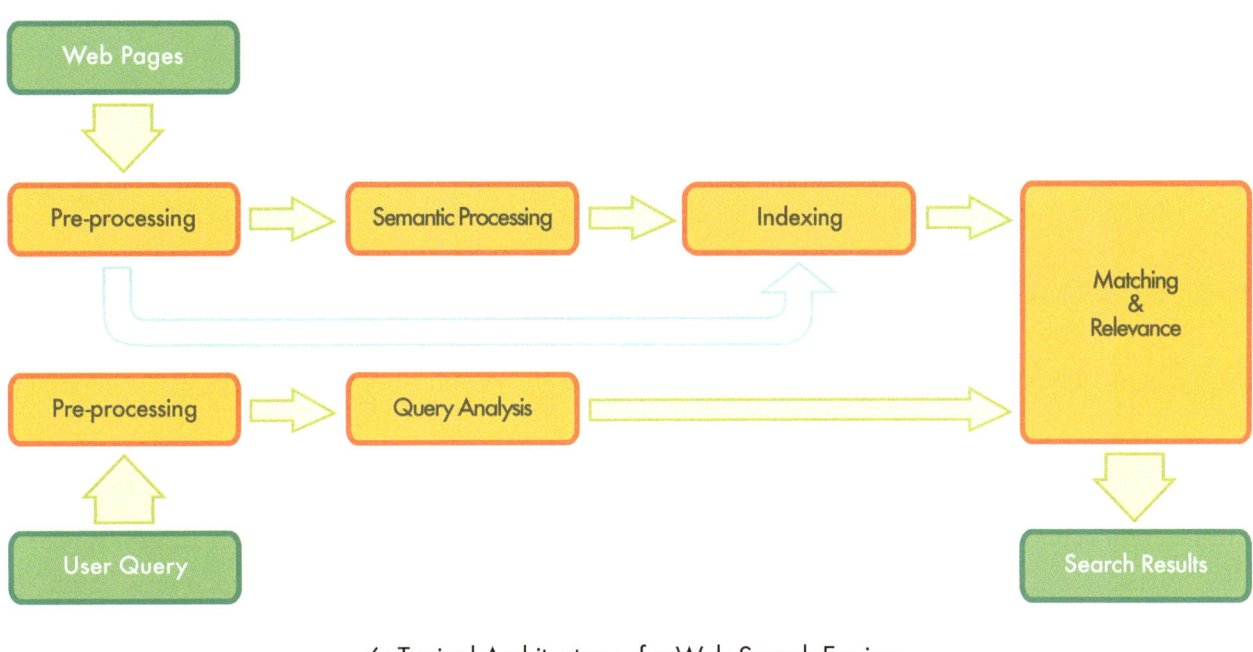

6: Typical Architecture of a Web Search Engine

tic search capabilities into their algorithmic mix [36], which can improve search accuracy by analysing the meaning of the query terms in context. The success story of Google shows that with a lot of data at hand and efficient techniques for indexing these data, a mainly statistically based approach can lead to satisfactory results.

However, for a more sophisticated information need, integrating deeper linguistic knowledge is essential. In particular, if a search query consists of a question or a complete sentence rather than a list of keywords, retrieving relevant answers to this query requires an analysis of this question or sentence on a syntactic and semantic level as well as the availability of an index that allows for a fast retrieval of relevant documents.

For example, imagine a user inputs the query "Give me a list of all companies that were taken over by other companies in the last five years". A simple keyword-based approach will not take us very far here.

Expanding the query terms by synonyms, for example using an ontological language resource like the Princeton WordNet, may improve the results. However, for a

satisfactory answer, a deeper query analysis is necessary. For example, applying a syntactic parser to analyse the grammatical structure of the sentence, we can determine that the user is looking for companies that have been taken over and not companies that took over others. We also need to process the expression "last five years" to find out which years it refers to.

Finally, the processed query needs to be matched to a massive amount of unstructured data in order to find the piece or pieces of information the user is looking for. This involves the **retrieval and ranking** of relevant documents. In addition, generating a list of companies, we also need to extract the information that a particular string of words in a document refers to a company name. This kind of information is tagged using a **named-entity** recognizer.

We face an additional challenge if we want to match a query to documents written in a different language. For **crosslingual search**, we have to automatically translate the query to all possible source languages and map the retrieved information back to the target language.

Again, this requires a linguistic analysis of all texts involved.

For users with a very specialized information need, an expansion of the query may require additional knowledge resources like a domain-specific ontology, representing the concepts relevant within the domain and the relationships between those concepts.

The increasing share of data available in non-textual format also drives the demand for services enabling **multimedia search**, i. e., information search on images, audio and video data. For audio and video files, this involves a **speech recognition** module to convert speech content into text or a phonetic representation, to which user queries can be matched.

In France, the Exalead company successfully developed and demonstrated in 2010 the *Voxalead News* [37] multimedia search application in 6 languages (French, English, Spanish, Chinese Mandarin, Arabic and Russian), slightly ahead of Google.

4.3.3 Speech processing

Spoken Language Processing is part of Language Processing, although the communities working on Computational Linguistics and on Speech Communication were initially set apart, the former coming from Theoretical Computer Science and Artificial Intelligence, and the latter from Signal Processing and Pattern Recognition.

Spoken Language Technologies cover many different areas such as **speech analysis and compression, speech recognition and understanding, speech synthesis and generation, oral dialog, speaker recognition** (who is speaking?), **spoken language identification** (in which language?). They may be used in different applications: voice command, voice dictation, audio-visual, conversational or meeting transcription, interactive systems, speech translation, people identification, personal assistant, etc.

For some applications, for example telephone banking, a speech recognition component matching a voice pattern against an existing vocabulary is enough. For other applications, e. g., voice dictation or conversation transcription, more sophisticated software with the ability to process arbitrary natural speech input is required. For advanced interactive systems, in-depth linguistic analysis of the speech input is required.

A complete Speech Interaction system comprises the following four different technologies (see Figure 7):

- Automatic speech recognition (ASR) is responsible for determining which words were actually spoken given a sequence of sounds uttered by the speaker.

- Syntactic analysis and semantic and pragmatic interpretation deal with analysing the syntactic structure of a user's utterance and interpreting the latter according to the purpose of the respective application.

- Dialogue management is required for determining, on the part of the system the user interacts with, which action shall be taken given the user's input and the functionality of the system.

- Speech synthesis technology is employed for transforming a message into sounds that will be output to the listener.

ASR systems for a given language are usually based on an **Acoustic Model**, representing the signal corresponding to the phonemes for that language, a **Pronunciation Model**, representing the different ways of pronouncing the words of that language, and a **Language Model**, representing the way words are ordered to produce sentences in that language. ASR systems based on statistical training approaches necessitate vast amounts of data (large amounts of transcribed speech from various speakers with various accents and huge amounts of texts, reflecting the targeted application) in order to be trained and achieve sufficient performances.

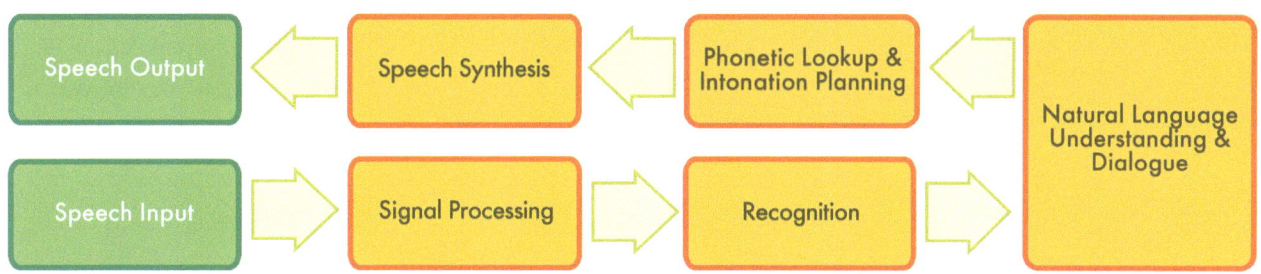

7: Basic Architecture for a Spoken Language Dialog System

In spite of major technological advances in the recent years, currently available ASR systems are still facing difficulty with **Out-of-Vocabulary words** (OOV): words unknown to the system which make that the sentences in which they are pronounced are incorrectly recognized. The vocabulary and Language Model have therefore to be continuously updated. Another issue is the difficulty for a speech recognition system, just as other LT, to self-estimate whether a word or a sentence may have been misunderstood. This problem can be addressed by assigning a confidence measure to a word or a sentence that has been recognized.

The expected accuracy rate of the recognition module is highly dependent on the application. Whereas the user of a dictation system may usually manually verify and edit the system output, more complex requirements are imposed on a dialog system intended to naturally converse with a human. This requires:

- a deep linguistic analysis of the speech input (i. e., *Named-entity recognition, part-of-speech tagging, co-reference resolution, parsing*),

- but also a **dialog management** component, which uses knowledge of the specific task domain to analyse the input on a semantic and pragmatic level to generate the appropriate output,

- and even the handling of **emotion analysis and generation**, through the processing of prosody (rhythm, stress and intonation),

- wihtout forgetting the analysis of other **non-verbal modalities** (gaze, gestures, facial expression, etc.).

The only way to assess the quality of an ASR system is to conduct an evaluation on test data corresponding to the application. Several systems based on different approaches may be compared within evaluation campaigns, such as the ones organized in the US by NIST (National Institute of Standards and Technology) for DARPA (Defense Advanced Research Projects Agency) since 1987 (see Figure 8).

This table shows the progress of Automatic Speech Recognition systems over the years, through the international evaluation campaigns conducted by NIST. The best performance in terms of Word Error Rate (WER) obtained that year is plotted on this chart using a logarithmic scale, as the effort to go from 100% error rate (the system does not recognize any word) to 10% being comparable to the one required to go from 10% to 1% error rate. The tasks became increasingly difficult over the years (first with a voice-activated artificial language of 1,000 words, then Voice dictation (20,000 words), radio/TV Broadcast News transcriptions (English, Arabic and Chinese Mandarin), telephone conversations (also in English, Arabic and Mandarin), transcriptions of meetings, etc.), in variable conditions (real time or not, different qualities of sound recording, etc.). We see that for some tasks, the performances of the systems are similar to those of a human listener, making these systems operational and marketable (such as for command languages). By cons, it is clear that for more complex tasks, performances improve more slowly, justifying the continuation of the research effort. The knowledge of these performances is precious to determine the feasibility of an application on the basis of the quality level it requires. For example, an information retrieval system for audio-visual data does not require very high performances in the transcription of speech in contrast to spoken dialogue systems used in critical tasks.

Transforming a message into a speech signal is done by a **speech synthesis** component. This message can be a text (**Text-to-Speech Synthesis**, TTS) or the output of an interactive dialog system. Nowadays, speech synthesis is usually based on large amounts of pre-recorded speech data in order to produce a reasonably natural result. However, for the ultimate aim of automatically producing natural speech in interactive systems, more research is needed, in particular concerning the interrelation between syntax, semantics, pragmatics and prosody, and between verbal and non-verbal modalities (facial expression of artificial **talking faces**, pointing, etc.).

The French language presents specificities that make it more difficult to handle by automatic speech processing systems, compared with other roman languages such as Italian or Spanish. Homophones heterographs (also called homonyms) raise problems for speech transcription (phoneme-to-grapheme transcription), and this is often the case for the mark of plural in French ("s" for names, "nt" for verbs), which is not pronounced, or is pronounced as a liaison between words. Homographs heterophones raise problems for grapheme-to-phoneme transcription in Text-to-Speech Synthesis, which may need syntactic (*Les poules du couvent couvent* ("The convent hens incubate eggs", pronounced /lepuldykuvãkuv/) or even semantic analysis in some very few cases (*fils* ("sons"), pronounced /fis/ and *fils* ("threads"), pronounced /fil/).

A key issue for future research is the **personalization** of interactive systems. To some degree, this is already possible, for example in speech transcription systems, which can also recognize the genre, age, accent or identity (**diarization**) of the person who is speaking, and in dictation systems or car navigation systems, which can be trained to adapt to the user's speaking style. The user-friendly design of dialog systems is especially important in assistive systems, e. g., for handicapped or elderly people, who may have inhibitions against using computer systems. This will involve an analysis of human speech behaviour in general and in particular of the way humans interact with computers.

Other aspects of speech processing concern **speaker verification or identification**, for biometrics applications, and **language or dialect identification**, aiming at identifying which language is spoken.

In times where European and international markets are growing together, an important challenge for interactive systems is the ability to work in a multilingual environment, which involves the **automatic translation of speech** into other languages. First results have been demonstrated in April 2007 within the EC TC-STAR [39] project for English to Spanish translation of talks at the European Parliament, taking advantage of the existence of large amounts of parallel corpora (the talks of the parliamentarians, their interpretations in all EU official languages, their transcriptions and the translations of the transcription, also in all EU languages). The corresponding technology has been implemented on the Jibbigo [40] system available in 2011 for 8 language pairs on Apple *App Store*. Google offers in 2011 speech recognition for 17 source languages and speech synthesis for 25 target languages (including French), in its Google Translate smartphone application covering 3,300 language pairs, also available on the *App Store*.

The quality of Interactive Speech Translation still needs to be much improved for it to be of common use in ev-

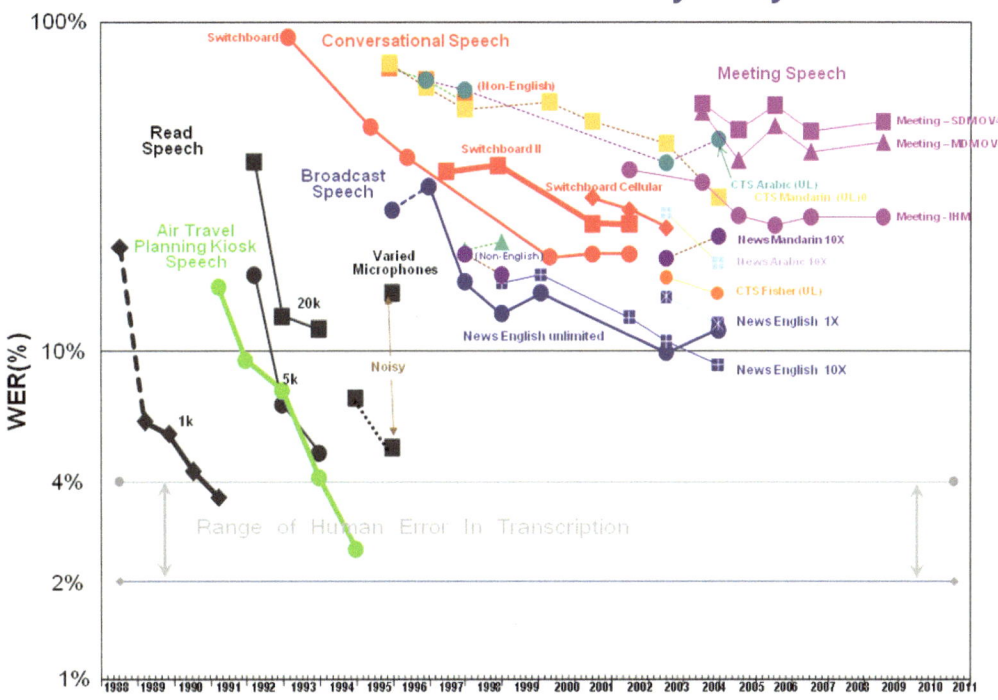

8: The history of Automatic Speech Recognition since 1987 through the NIST evaluation campaigns [38]

eryday life. Similarly, oral dialog systems are presently only available for very constrained applications. However many applications can be addressed with the presently available technology, such as video **close captioning** and approximate translation.

Looking beyond today's state of technology, there will be significant changes due to the spread of smartphones as a new platform for managing customer relationships – in addition to the telephone, Internet, and email channels. This tendency will also affect the employment of technology for Speech Interaction. On the one hand, demand for telephony-based **Voice User Interfaces** (VUI) will decrease, on the long run. On the other hand, the usage of spoken language as a user-friendly input modality for smartphones will gain significant importance. This tendency is supported by the observable improvement of speaker-independent speech recognition accuracy for speech dictation and voice command

services that are already offered to smartphone users (see for instance Apple Siri or Android Voice Actions). Given this "outsourcing" of the recognition task to the infrastructure of applications, application-specific employment of linguistic analysis will gain importance compared to the present situation.

4.3.4 Machine Translation

The idea of using digital computers for translation of natural languages came up in 1946 by A.D. Booth and was followed by substantial funding for research in this area in the 1950s and beginning again in the 1980s. France was especially very active in that field, and the first popular book on Machine Translation was written by a French man (Delavenay, 1957). Nevertheless, Machine Translation (MT) still fails to fulfil the high expectations it gave rise to in its early years.

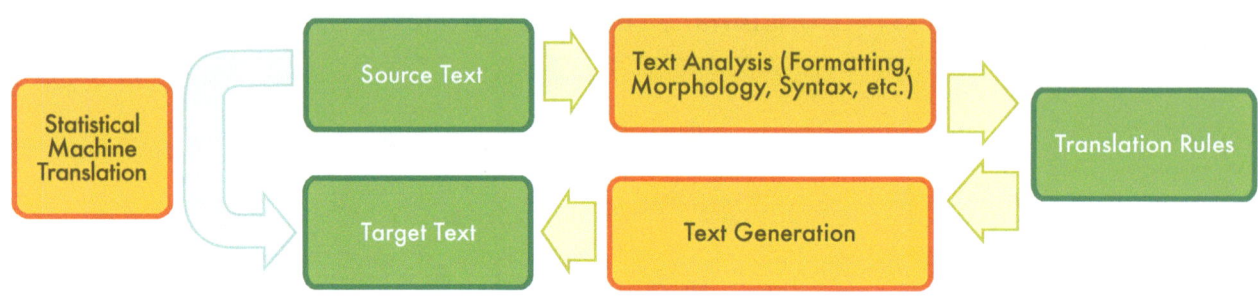

9: Machine Translation Architecture statistical (blue arrow) or rule based (yellow arrows)

At its basic level, MT simply substitutes words in one natural language by words in another. This can be useful in subject domains with a very restricted, formulaic language, e. g., weather reports. However, for a good translation of less standardized texts, larger text units (phrases, sentences, or even whole passages) need to be matched to their closest counterparts in the target language. The major difficulty here lies in the fact that human language is ambiguous, which yields challenges on multiple levels, e. g., **word sense disambiguation** at the lexical level ("bank" can mean a financial institution or the edge of a river) or the attachment of prepositional phrases on the syntactic level as in:

- Le policier observait l'homme avec ses jumelles.
  The policeman observed the man with his binoculars.
- Le policier observait l'homme avec son revolver.
  The policeman observed the man with his revolver.

One way of approaching the task is based on linguistic rules (see Figure 9). For translations between closely related languages, a direct translation may be feasible in cases like the example above. But often **rule-based** (or **knowledge-driven**) systems analyse the input text and create an intermediary, symbolic representation, from which the text in the target language is generated. The success of these methods is highly dependent on the availability of extensive **lexicons** with morphological, syntactic, and semantic information, and large sets of **grammar** rules carefully designed by a skilled linguist.

Introduced in the late 1980s by researchers coming from the speech recognition community, as computational power increased and became less expensive, more interest was shown in **statistical models** for MT. The parameters of these statistical models are derived from the analysis of **bilingual text corpora**, such as the Europarl **parallel corpus**, which contains the proceedings of the European Parliament in 21 European languages. Given enough data, statistical MT works well enough to derive an approximate meaning of a foreign language text. However, more than knowledge-driven systems, statistical (or data-driven) MT may generate an ungrammatical output. On the other hand, besides the advantage that less human effort is required for grammar writing, data-driven MT can also cover particularities of the language that go missing in knowledge-driven systems, for example idiomatic expressions.

Hybrid approaches aim at combining knowledge-based and statistical approaches. This can be done in several ways. One is to use both knowledge- and data-driven systems and have a selection module decide on the best output for each sentence. However, for longer sentences, no result will be perfect. A better solution is to combine the best parts of each sentence from multiple outputs, which can be fairly complex, as corresponding parts of multiple alternatives are not always obvious and need to be aligned. Another challenging approach is to design a new setup that combines the advantages of the two paradigms by integrating the good features of each; for example, making a rule-based system adaptive by adding a module for rule learning, or making a statistical MT system syntax-aware by adding syntactic information.

The quality of MT systems is still considered to have huge improvement potential. Challenges include the adaptability of the language resources to a given subject domain or user area and the integration into existing workflows with term bases and translation memories. In addition, most of the current systems are English-centred and support only few languages across the other languages. Research in MT has been conducted for many years without assessing the quality of the produced translation in order to compare various approaches or measure progress. The BLEU measure has been proposed in 2000 [42], and allowed for conducting comparative MT **evaluation campaigns**, even if this simple measure, based on a word to word comparison between the MT output and reference human translations, may be criticized for merging the meaning and the stylistic aspects of a translation. Since then, other metrics have been proposed and an evaluation campaign of MT **evaluation metrics** has even been organized by NIST without moving yet to another fully accepted measure. Such evaluation campaigns allow for comparing the quality of MT systems, the various approaches and the status of MT systems for the different languages, as it appears in a Table presented within the EC Euromatrix+ project (see Figure 10).

This figure gives the best performance obtained for 462 pairs of the European Union official languages (Irish is missing), in terms of BLEU score (the higher the score, the better the translation, a human translator would get around 80). The best results (shown in green and blue) are the languages that benefit from considerable research efforts, within coordinated programs, and from the existence of many parallel corpora (English, French,

Dutch, Spanish, German, etc.), the worst (in red) to languages that did not benefit from similar efforts, or that are very different from other languages (Hungarian, Maltese, Finnish, etc.).

France is very active in the area of Machine Translation, with companies such as Systran, which was a pioneer in this area and previously provided the technology offered by Google among its linguistic tools before Google developed and used its own technology, or Softissimo. Lingua et Machina proposes Translation Memories to human translators. Several laboratories conduct research in this area, achieving state-of-the-art results.

4.3.5 Other Application Areas

Building Language Technology applications involves a range of subtasks that do not always surface at the level of interaction with the user, but provide significant service functionalities "under the hood" of the system. Therefore, they constitute important research issues that have become individual sub-disciplines of Computational Linguistics in academia.

Question answering has become an active area of research, for which annotated corpora have been built and scientific competitions have been started. The principle is to move from keyword-based search (to which the engine responds with a collection of potentially relevant documents) to the scenario of the user asking a concrete question and the system providing a single answer:

- *Question: At what age did Neil Armstrong step on the moon?*
- *Answer: 38.*

While this is obviously related to the aforementioned core area Web Search, question answering nowadays is primarily an umbrella term for research questions such as: what types of questions should be distinguished (fact or definition) and how should they be handled?, how to

	EN	BG	DE	CS	DA	EL	ES	ET	FI	FR	HU	IT	LT	LV	MT	NL	PL	PT	RO	SK	SL	SV
						Target language (X axis) – Source Language (Y axis)																
EN	–	40.5	46.8	52.6	50.0	41.0	55.2	34.8	38.6	50.1	37.2	50.4	39.6	43.4	39.8	52.3	49.2	55.0	49.0	44.7	50.7	52.0
BG	61.3	–	38.7	39.4	39.6	34.5	46.9	25.5	26.7	42.4	22.0	43.5	29.3	29.1	25.9	44.9	35.1	45.9	36.8	34.1	34.1	39.9
DE	53.6	26.3	–	35.4	43.1	32.8	47.1	26.7	29.5	39.4	27.6	42.7	27.6	30.3	19.8	50.2	30.2	44.1	30.7	29.4	31.4	41.2
CS	58.4	32.0	42.6	–	43.6	34.6	48.9	30.7	30.5	41.6	27.4	44.3	34.5	35.8	26.3	46.5	39.2	45.7	36.5	43.6	41.3	42.9
DA	57.6	28.7	44.1	35.7	–	34.3	47.5	27.8	31.6	41.3	24.2	43.8	29.7	32.9	21.1	48.5	34.3	45.4	33.9	33.0	36.2	47.2
EL	59.5	32.4	43.1	37.7	44.5	–	54.0	26.5	29.0	48.3	23.7	49.6	29.0	32.6	23.8	48.9	34.2	52.5	37.2	33.1	36.3	43.3
ES	60.0	31.1	42.7	37.5	44.4	39.4	–	25.4	28.5	51.3	24.0	51.7	26.8	30.5	24.6	48.8	33.9	57.3	38.1	31.7	33.9	43.7
ET	52.0	24.6	37.3	35.2	37.8	28.2	40.4	–	37.7	33.4	30.9	37.0	35.0	36.9	20.5	41.3	32.0	37.8	28.0	30.6	32.9	37.3
FI	49.3	23.2	36.0	32.0	37.9	27.2	39.7	34.9	–	29.5	27.2	36.6	30.5	32.5	19.4	40.6	28.8	37.5	26.5	27.3	28.2	37.6
FR	64.0	34.5	45.1	39.5	47.4	42.8	60.9	26.7	30.0	–	25.5	56.1	28.3	31.9	25.3	51.6	35.7	61.0	43.8	33.1	35.6	45.8
HU	48.0	24.7	34.3	30.0	33.0	25.5	34.1	29.6	29.4	30.7	–	33.5	29.6	31.9	18.1	36.1	29.8	34.2	25.7	25.6	28.2	30.5
IT	61.0	32.1	44.3	38.9	45.8	40.6	26.9	25.0	29.7	52.7	24.2	–	29.4	32.6	24.6	50.5	35.2	56.5	39.3	32.5	34.7	44.3
LT	51.8	27.6	33.9	37.0	36.8	26.5	21.1	34.2	32.0	34.4	28.5	36.8	–	40.1	22.2	38.1	31.6	31.6	29.3	31.8	35.3	35.3
LV	54.0	29.1	35.0	37.8	38.5	29.7	8.0	34.2	32.4	35.6	29.3	38.9	38.4	–	23.3	41.5	34.4	39.6	31.0	33.3	37.1	38.0
MT	72.1	32.2	37.2	37.9	38.9	33.7	48.7	26.9	25.8	42.4	22.4	43.7	30.2	33.2	–	44.0	37.1	45.9	38.9	35.8	40.0	41.6
NL	56.9	29.3	46.9	37.0	45.4	35.3	49.7	27.5	29.8	43.4	25.3	44.5	28.6	31.7	22.0	–	32.0	47.7	33.0	30.1	34.6	43.6
PL	60.8	31.5	40.2	44.2	42.1	34.2	46.2	29.2	29.0	40.0	24.5	43.2	33.2	35.6	27.9	44.8	–	44.1	38.2	38.2	39.8	42.1
PT	60.7	31.4	42.9	38.4	42.8	40.2	60.7	26.4	29.2	53.2	23.8	52.8	28.0	31.5	24.8	49.3	34.5	–	39.4	32.1	34.4	43.9
RO	60.8	33.1	38.5	37.8	40.3	35.6	50.4	24.6	26.2	46.5	25.0	44.8	28.4	29.9	28.7	43.0	35.8	48.5	–	31.5	35.1	39.4
SK	60.8	32.6	39.4	48.1	41.0	33.3	46.2	29.8	28.4	39.4	27.4	41.8	33.8	36.7	28.5	44.4	39.0	43.3	35.3	–	42.6	41.8
SL	61.0	33.1	37.9	43.5	42.6	34.0	47.0	31.1	28.8	38.2	25.7	42.3	34.6	37.3	30.0	45.9	38.2	44.1	35.8	38.9	–	42.7
SV	58.5	26.9	41.0	35.6	46.6	33.3	46.6	27.4	30.9	38.9	22.7	42.0	28.2	31.0	23.7	45.6	32.2	44.2	32.7	31.3	33.5	–

10: Performance of Machine Translation systems between 22 EU-languages [41]

synthesize an answer from a set of documents that could contain contradictory information elements about the answer?, or how to extract the answer from a document belonging to a thematic field other than the one of the question, but which nevertheless hold the appropriate information?

This is in turn related to the **information extraction** (IE) task, an area that was extremely popular and influential at the time of the 'statistical turn' in Computational Linguistics, in the early 1990s. IE aims at identifying specific pieces of information in specific classes of documents; this could be, e. g., the detection of the key players in company takeovers as reported in newspaper stories. Another scenario that has been worked on is reports on terrorist incidents, where the problem is to map the text to a template specifying the perpetrator, the target, time and location of the incident, and the results of the incident. Domain-specific template-filling is the central characteristic of IE, which for this reason is another example of a "behind the scenes" technology that constitutes a well-demarcated research area but for practical purposes then needs to be embedded into a suitable application environment.

In language technology there exist "borderline" areas, which address at the same time standalone applications and supportive, "under the hood" components, for instance: **text summarization** and **text generation**. Summarization, obviously, refers to the task of making a long text short, and is offered for instance as a functionality within MS Word. It works largely on a statistical basis, by first identifying "important" words in a text (that is, for example, words that are highly frequent in this text but markedly less frequent in general language use) and then determining those sentences that contain many important words. These sentences are then marked in the document, or extracted from it, and are taken to constitute the summary. In this scenario, which is by far the most popular one, summarization equals sentence extraction: the text is reduced to a subset of its sentences. All commercial summarizers make use of this idea. An alternative approach, to which some research is devoted, is to actually synthesize new sentences, i. e., to build a summary of sentences that did not show up under that form in the source text. This requires a certain amount of deeper understanding of the text and therefore is much less robust. All in all, a text generator is in most cases not a stand-alone application but embedded into a larger software environment, such as into the clinical information system where patient data is collected, stored and processed, and report generation is just one of many functionalities.

For French, the situation in all these research areas is much less developed than it is for English, where question answering, information extraction, and summarization have since the 1990s been the subject of numerous open competitions, primarily those organized by DARPA/NIST in the United States. These have significantly improved the state of the art, but the focus has always been mostly on English or on languages of geopolitical importance for the US. Some competitions have added multilingual or crosslingual tracks, such as the evaluation campaigns conducted within the EC CLEF (Cross-Language Evaluation Forum) [43] project, but French was never prominent. Accordingly, there are hardly any annotated corpora or other resources for most of these tasks. Summarization systems, when using purely statistical methods, are often to a good extent language-independent, and thus some research prototypes are available. For text generation, reusable components have traditionally been limited to the surface realization modules (the "generation grammars"); again, most available software is for English.

4.3.6 Sign Language Processing

Sign Language Processing is a rapidly growing research area, which goes in connection with the development of the use of Sign Languages among deaf people, and the legal obligation to provide access to the information for handicapped people. French Sign Language (*Langues des Signes Françaises*, LSF) shouldn't be considered as a variant of the French language, but as a language per se. We will therefore only mention that Sign Language processing comprises analysis (based on image processing, and necessitating gesture, facial expression and posture recognition), generation (in the form of Conversational Agents) and even translation from one Sign Language to another. Several laboratories work in France on this research topic, and first results allowed equipping some French railway stations with Sign Language information for the deaf.

4.4 THE TECHNOLOGICAL EFFORT ON FRENCH

4.4.1 Studies of the Language Technology Field for French

Several studies have been conducted in France in the field of language technologies, such as the DGLFLF report on the cultural challenges of Language Technologies in 2007 [44], the report of the *Forum des Droits de l'Internet* on "Internet and Sustainable Development: Languages and Internet" in 2009 [45], the European Language Technology market study conducted for the Ministry of Research by the Bureau Van Dijk in 2007 [46] or the White Book of the APIL on Language Industries in 2005 [47]. The French Ministry of Culture and Communication conducted in 2011 a study on the uses and applications of Language Technologies for French, with a specific interest on the cultural and economic dimensions.

4.4.2 The Funding

Funding for research and development in Language Technology mostly comes from the Ministry of Higher Education and Research through the National Research Agency (ANR), from the Ministry of Economy, Finance and Industry through the OSEO Agency and through the *Pôles de Compétitivité* (Competitiveness Clusters), gathering industrials and researchers, which are funded by several Ministries and by local administrations (departments and regions). The *Direction Générale de l'Armement* of the Ministry of Defence has its own programs for defence applications, and also cooperates with the previously mentioned agencies on cooperative programs regarding dual (civil and defence) technologies, including Language Technologies.

4.4.3 The Programs

Research on the French language has been supported by several programs. The *Réseau Francophone d'Ingénierie de la Langue* (FRANCIL) has been sustained by the Francophone Universities Association (Aupelf, now AUF) from 1994 to 2000. It contained cooperation projects between Northern francophone countries and Southern ones (especially in Africa and Asia) and "coopetition" (mixing cooperation and competition) projects organized as technology evaluation campaigns both on written and spoken language processing.

The TechnoLangue program (2003-2005) [48] was supported by the Ministries of Research, Industry and Culture, following a report of the *Conseil Supérieur de la Langue Française*. It included the development of Language Resources (corpus, lexica, dictionaries, etc.) for French and the organization of 8 evaluation campaigns, on topics such as Syntactic Parsing, Machine Translation, Information Retrieval (Question & Answer) or Broadcast News speech transcription (ESTER campaign). All data and tools produced within the evaluation campaigns have been distributed as Evaluation Packages. It was followed on the same basis by the TechnoVision program addressing research in Computer Vision, comprising OCR (Optical Character Recognition) and document processing (including handwritten character recognition).

Some of those activities are now continuing as individual projects supported by the ANR, which organized the REPERE challenge on multimodal (text, speech and vision) person identification (2010-2013).

CNRS (the National Centre for Scientific Research) had several programs in that field along the years either in ICT or in HSS (GRECO, CCIIL, Silfide (with Aupelf), CRN (including the CNTRL [49] and the CRDO [50, 51]), and the French Ministry for Research settled in 2011 a Corpus Infrastructure [52] in the Human and Social Sciences area, in connection with the EC CLARIN project.

Those programs helped a lot in gathering the scientific community around a common objective and allowed for the production of data (corpus, lexica, dictionaries), which are crucial for the development of technologies. With the help of those efforts, French is ranked 3rd after English and German in terms of the number of Language Resources devoted to MT available for the European Union official languages, as it appears in the Euromatrix+ [53] (see Figure 11), where 130 resources have been identified for French (May 2011).

For example, the TechnoLangue ESTER campaign allowed producing, in 2004, 1,700 hours of Broadcast News speech in French, 100 hours of which have been transcribed [54], making it possible to develop Broadcast News transcription systems of sufficient quality and opening the feasibility of automatic video transcription and indexing for French. However, this has to be compared with the Broadcast News corpus developed for Chinese within the US DARPA GALE program, which comprises 3,000 hours of speech, 500 of which have been transcribed [55]!

	English	German	French	Spanish	Italian	...
English	257	111	109	107	100	
German	111	140	79	42	38	
French	109	79	130	66	52	
Spanish	105	40	65	128	35	
Italian	100	38	52	36	116	
...						

11: Number of Language Resources for various language pairs including French, according to Euromatrix+

Nowadays, OSEO supports the very large Quaero program gathering 26 industrial and academic partners with a total budget of 200 M€ and an amount of public funding of 99 M€ over 5 years (2008-2013). Quaero addresses the development of around 30 technologies for various medias (speech, text, music, image, video) for the needs of 5 applications related to Multimedia and Multilingual Document processing (Digitization platform, Social impact media monitoring, Personalized video, Communication portals & Digital heritage, and Multimedia search engines). Although the program mostly addresses the French language, some technologies will be developed for most of the 23 EU official languages. The whole program is structured on the systematic comparative evaluation of technologies and on the production and use of large amounts of data for training and testing. As of October 2011 and since the beginning of the Quaero program, 3 more applications have been added including the participation of new partners, 45 technology components have been delivered, and close to 500 papers have been published. The *Voxalead News* online application developed by Exalead in cooperation with LIMSI-CNRS, Vocapia Research and INRIA is a good example of a major technological achievement made possible within Quaero by gathering know-how in three different areas (search engines, speech processing and image processing). Exalead was bought by the large *Dassault Systèmes* company in 2010.

France has devoted a large effort for computerizing texts from the vast historical literary resources of French since the 1950s. The *Bibliothèque Nationale de France* (BNF) has undertaken a large-scale digitization effort for national document assets. This area can greatly benefit from Language Technologies, which can provide access (semantic, etymological, quantitative, etc.) to the historical resources of a language/country as part of its heritage. This was clearly demonstrated by Google in 2011, using the 500 billion words Google Books data.

There is no comparable program in the Francophone part of Belgium, where the sources of funding are the Institute for the encouragement of Scientific Research and Innovation of Brussels, the Service public de Wallonie, or the National Fund for Scientific Research (FNRS). The *Service de la langue de la Communauté française de Belgique* has funded the development of terminological researches in the past and is officially in charge of coordinating the terminological activities (at the government level) in the Francophone part of Belgium. The OWIL (*Observatoire du Traitement Informatique des Langues et de l'Inforoute*) has centralized information on NLP research and activities for several years, but has stopped its activities in 2008.

There is currently no major LTR program in Switzerland. The most relevant project may be the National Centre of Competence in Research on Interactive Multimodal Information Management (IM2), lead by IDIAP, where speech corpora have been collected, mainly in collaboration with the EC AMI and AMIDA projects. There used to be an "*observatoire*" for research, but the site is now inactive. Projects in all domains, including HLT, are funded by the national research program FNSNF (Swiss National Science Foundation).

Canada has a special agency for HLT: the LTRC (Language Technology Research Center) / CRTL (*Centre de Recherche en Technologies Langagières*) [56]. There are in Canada several academic teams working on HLT, but without any specific national program, apart from generic national research programs.

4.4.4 The Scientific Bodies

When the European Language Resources Association (ELRA) [57] was created in 1995, the French government expressed its support for welcoming its Evaluation and Language Resources Distribution Agency, ELDA, which is located in Paris.

The French and Francophone scientific community in NLP gathers in the ATALA association which recently celebrated its 50th birthday and organizes the annual TALN conference, while the francophone speech community gathers in the AFCP association which organizes the biennial JEP conference, alternately with the Interspeech conference in Europe, and in close cooperation with the International Speech Communication Association (ISCA), where it participates as a Special Interest Group. The TALN and JEP conferences are jointly organized from time to time, and a special yearly conference, RECITAL, is devoted to the young researchers. ATALA maintains the LN mailing list and, for young researchers' activities, the Orbital mailing list, as well as the LN-Forum.

Professional Associations, such as the APIL (*Association des Professionnels des Industries de la Langue*) or the Tenor association on speech, existed in the past, but seem to be presently inactive. The OEP ("Observatoire Européen du Plurilinguisme") is located in France [58]. Canada has an industrial association on HLT: AILIA (*Association de l'industrie de la langue*/Language Industry Association) [59].

4.4.5 The Education

Although more than 30 Universities or Technology Institutes offer courses related to Language Technologies, either within Applied Linguistics or Computer Science curricula, there exist no curricula addressing specifically the full range of Language Technologies, including the technological and linguistic dimensions, and covering spoken, written and sign languages. The education of translators and interprets also lacks sufficient training in Language Technologies, as it appeared in the 2011 Tralogy conference [60] addressing the relationship between human translators and language technology.

4.4.6 The Research

There are about 50 laboratories working on speech and language processing, also including Sign Language Processing and Multimodal communication, in France, and gathering about 600 researchers. Many of them are affiliated to a large research organization (CNRS, INRIA (National Information Technology Institute), CEA (Atomic Energy Agency) and Institut Télécoms, which are partners in the Allistene national Alliance), or to universities and Technical Institutes.

Some laboratories achieved the highest performances in the framework of international evaluation campaigns, such as the ones organized on Speech recognition by NIST in the USA, or on crosslingual Question & Answer by the CLEF project in Europe.

Some public institutes also participate in this research area, such as the *Laboratoire National de Métrologie et d'Essai* (LNE), which develops activities related to Language Technology assessment, the INA (*Institut National de l'Audovisuel*) or the BNF (*Bibliothèque Nationale de France*), regarding the processing of their huge amount of textual or audiovisual data.

Several laboratories also conduct research on Language Technologies applied to the French language in Belgium (Université Libre de Bruxelles, Université de Mons,

Katholieke Univ. Leuven, etc.), Switzerland (IDIAP, EPFL, Univ. Geneva, etc.) and Canada/Québec (Université de Montréal, Ecole Polytechnique de Montréal, CRIM, Université du Québec à Chicoutimi, etc.).

4.4.7 The Industry

As mentioned in the Euromap report in 2003 [61], *"France is a leading player in EU language technology, with a long research tradition, world-class laboratories and coverage of all main domains of activity. It has also nurtured a respectable community of commercial suppliers, some of European and global scale. Research has benefited from consistent public sector support, and France has been a key player in EU collaborative research projects."*

Some large companies were active in that field some years ago (Alcatel, Thomson, France Telecom), but decreased their research effort, sometimes creating a spin-off company (such as FT with Telisma in Speech recognition, then bought by the OnMobile Global Ltd Indian company). Several SMEs or VSEs are very active in Language and Speech Technologies, such as Vecsys (which has recently been bought by Bertin Technologies) and Vocapia Research, Sinequa, Synapse, Syllabs, Tagmatica, Arisem, Bertin, Lingway, Pertimm, Systran, Softissimo, A2iA, VisionObject etc, while other companies either large (Technicolor, Orange, Exalead (now part of Dassault Systèmes), EADS/Cassidian, Bertin, etc) or small (Temis, Jouve, Aldebaran, Parrot etc.) develop activities in close relationship with Language Technology providers. Xerox has its European research centre in Grenoble. There are also very active SMEs in Belgium (Acapela) or Canada (Nüecho).

The Study on the size of the Language industry in the European Union, commissioned by the EC-DGT in 2009 [5], mentions that 109 companies may be identified in France within the perimeter of Language Engineering, with a generated turn-over of approximately 78.8 M€, which represents 16% of the European market and places France as the second leading country in Europe after the United Kingdom.

4.5 AVAILABILITY OF TOOLS AND RESOURCES

4.5.1 Overview Tables

The following tables (Figures 12, 13, 14) provide an overview of the current situation of language technology support for French. The rating of existing technologies and resources is based on estimations by several experts using the following 7 criteria, each ranging from 0 (very low) to 6 (very high):

1. **Quantity**: Does a tool/resource exist for the language at hand? The more tools/resources exist, the higher the rating.

   0: no tools/resources whatsoever – 6: many tools/resources, large variety

2. **Availability**: Are tools/resources accessible, i. e., are they Open Source, freely usable on any platform or only available for a high price or under very restricted conditions?

   0: practically all tools/resources are only available for a high price – 6: a large amount of tools/resources is freely, openly available under sensible Open Source or Creative Commons licenses that allow re-use and re-purposing

3. **Quality**: How well are the respective performance criteria of tools and quality indicators of resources met by the best available tools, applications or resources? Are these tools/resources current and also actively maintained?

   0: toy resource/tool – 6: high-quality tool, human-quality annotations in a resource

4. **Couverage**: To which degree do the best tools meet the respective coverage criteria (styles, genres, text

sorts, linguistic phenomena, types of input/output, number languages supported by an MT system etc.)? To which degree are resources representative of the targeted language or sublanguages?

0: special-purpose resource or tool, specific case, very small coverage, only to be used for very specific, non-general use cases – 6: very broad coverage resource, very robust tool, widely applicable, many languages supported

5. **Maturity**: Can the tool/resource be considered mature, stable, ready for the market? Can the best available tools/resources be used out-of-the-box or do they have to be adapted? Is the performance of such a technology adequate and ready for production use or is it only a prototype that cannot be used for production systems? An indicator may be whether resources/tools are accepted by the community and successfully used in LT systems.

0: preliminary prototype, toy system, proof-of-concept, example resource exercise – 6: immediately integratable/applicable component

6. **Sustainability**: How well can the tool/resource be maintained/integrated into current IT systems? Does the tool/resource fulfil a certain level of sustainability concerning documentation/manuals, explanation of use cases, front-ends, graphical user interfaces, etc.? Does it use/employ standard/best-practice programming environments? Do industry/research standards/quasi-standards exist and if so, is the tool/resource compliant (data formats etc.)?

0: completely proprietary, ad hoc data formats and APIs – 6: full standard-compliance, fully documented

7. **Adaptability** : How well can the best tools or resources be adapted/extended to new tasks/domains/genres/text types/use cases etc.?

0: practically impossible to adapt a tool/resource to another task, impossible even with large amounts of resources or person months at hand – 6: very high level of adaptability; adaptation also very easy and efficiently possible

A reduced Table (see figure 14) has also been generated, where technologies and resources have been grouped, that also takes into account the comparative situation for the other European languages.

4.5.2 Interpretation of the Tables

Tables 12, 13 and 14 on the status of Technologies and Resources (Data, Tools, Evaluation and Meta-resources) for the French language are close to what was produced for the German language. The situation is actually very similar, as it appears in the META-Matrixes Language matrices, and in the Euromatrix+ [53] bilingual table. In the META-Matrixes, produced from the data obtained in the LRE Map [62, 63], it appears that, among the 23 EU official languages, French and German get about the same number of resources overall (respectively 143 and 132), far from what exists for English (559), and followed by Spanish (111) and Italian (90). In the Euromatrix+, produced from the Hutchins Compendium of Translation Software [64], French and German are also close (130 and 140 respectively), far from English (257), and followed by Spanish (128) and Italian (116).

- Large programs have been conducted on the processing of the French language, either within French programs (TechnoLangue (2003-2005) supported by the Ministries of Research, Industry and Culture), or francophone programs (Francil, 1994-2000, supported by the Francophone Universities Association, AUF). Those programs contained a large part devoted to the production of spoken and written language resources and to spoken and written language processing systems evaluation. This allowed

Language Technologies	Quantity	Availability	Quality	Coverage	Maturity	Sustainability	Adaptability
Tokenization, POS tagging, morphology analysis/generation	4	4	4	4	4	3	3
Parsing (deep or shallow)	4	4	4	4	4	2	2
Sentence Semantics (WSD, argument structure, thematic role)	2	2	2	1	2	1	2
Text Semantics (coreference resolution, context, pragmatics, inference)	2	1	3	2	2	2	1
Advanced Discourse processing (text structure, coherence, rhetorical structure/RST, argumentative zoning, argumentation, textual patterns, text typology etc.)	2	2	2	2	2	2	1
Information Retrieval (Text Indexing, multimedia IR, crosslingual IR)	4	5	5	4	5	4	4
Information Extraction (Named-entity Recognition, Event/Relation Extraction, sentiment analysis and opinion mining, text mining/analytics)	3	3	4	3	4	3	3
Text Generation (sentence, report, text generation)	2	1	2	2	2	1	2
Summarization, Question Answering, Advanced Technologies for Information Access	3	3	3	3	3	2	2
Machine Translation (and speech translation)	5	4	4	3	4	3	3
Speech Recognition (covering a wide spectrum: vocal command, voice dictation, broadcast transcription, conversational speech transcription, spoken dialogue)	4	3	4	4	4	3	3
Speech Synthesis (text-to-speech and speech-to-text)	4	3	4	4	4	3	3
Dialogue Management (incl. user modeling)	3	2	3	3	3	2	2

12: Complete Table of the estimated status of Language Technologies for French

ensuring the availability of data, evaluated Tools, evaluation packages and meta-resources (metadata, standards) for French, many of them being distributed through ELRA. The evaluation of many systems on the same data has allowed the production of large amounts of semi-automatically annotated corpus (morpho-syntactic taggers in GRACE, syntactic parsers in PASSAGE).

- As ELDA, the ELRA LR Distribution Agency, is located in France, many LR in French are distributed through ELRA.

Language Resources	Quantity	Availability	Quality	Coverage	Maturity	Sustainability	Adaptability
Reference Corpora	3	1	4	3	4	4	3
Syntactic Corpora (treebanks, dependency banks)	4	4	3	3	3	3	2
Semantic Corpora	2	2	2	1	2	2	2
Discourse Corpora	1	2	2	2	1	1	1
Parallel Corpora, Translation Memories	4	3	4	3	3	4	2
Speech Corpora (raw speech data, labelled/annotated speech data, speech dialogue data)	4	3	4	3	3	4	2
Multimedia and Multimodal Corpora (text data combined with audio/video)	2	1	3	1	1	2	1
Language Models	4	3	3	3	3	3	2
Lexicons, Terminology Databases	4	3	4	3	4	4	3
Grammars	3	2	3	3	3	2	2
Thesauri, WordNets	3	3	2	1	3	3	3
World Knowledge Ontological Resources (i.e., upper models, Linked Data)	2	1	2	1	2	1	1

13: Complete Table of the estimated status of Language Resources for French

- Nowadays, the large 5-year (2008-2013) Quaero program (200 M€ budget) supports a large effort on multimedia and multilingual document processing, including the development of core spoken and written language processing technologies for French, and for other languages (such as speech transcription, machine and speech translation, Q&A, audiovisual indexing and search), with a target to cover all EU official languages). All technologies are regularly evaluated in order to check the adequacy of their performances with the needs of the targeted applications, and a project is specifically taking care of the production of corpora for the development and test of systems, with a 10 M€ budget.

- The Exalead company is very active in the area of Information retrieval and Search Engines. Its participation in Quaero allowed Exalead to develop innovative applications on audio-visual search (Voxalead News) based on advanced speech and image technology.

- French doesn't have a National Corpus, with a balanced mixture of various genres, such as the British, American, German, Russian, Polish or Slovak National Corpus, as it appears in the Corpus Based Language Studies Web site [65], but many corpora of French exist in France and elsewhere [66]. Also, a lemmatized and POS-tagged 260 million-words corpus extracted from the French Wikipedia is avail-

	Quantity	Availability	Quality	Coverage	Maturity	Sustainability	Adaptability
Language Technologies							
Speech Recognition	4	3	4	4	4	3	3
Speech Synthesis	4	3	4	4	4	3	3
Grammatical analysis	4	4	4	4	4	3	3
Semantic analysis	3	3	3	3	3	2	2
Text Generation	3	2	3	3	3	2	2
Machine Translation	5	4	4	4	4	3	3
Language Resources							
Text Corpora	4	3	4	4	4	4	3
Speech Corpora	4	3	4	4	4	4	3
Parallel Corpora, Translation Memories	4	3	4	4	4	4	3
Lexical Resources	4	3	4	4	4	4	3
Grammars, Language Models	3	3	4	4	3	3	3

14: Reduced Table of the estimated status of Language Technologies and Language Resources for French

able [67]. The ATILF Frantext corpus [68] has been made available for a long time mostly including literature texts of the 20th century, and more recent corpus on AFNOR technical norms, contemporary daily French or regional variants of French.

- There is no large Treebank for French. The ANR Passage project will soon produce a very large syntactic resource for French, not in the form of syntactic trees but in the form of grammatical relations.

- French bilingual parallel corpora benefit from European sources, such as the translations within EU bodies (European Commission, European Parliament, European Court of Justice, European Patent Office, etc.), but also from bilingual countries such as Canada. Parallel corpora exist for most of the other EU languages. The ones with the poorest coverage are in relation with Slovak, Estonian, Maltese and Irish. However, those parallel corpora are well fitted for applications in the political/administrative areas and for written language, while other application areas such as audio and video broadcast translation are lacking sufficient amounts of data.

- MT systems are available for all EU language pairs. The best translation quality is achieved for the source or target languages where a large amount of parallel data exists (English) and/or for the languages that belong to the roman language family (Spanish, Italian, Portuguese, Romanian). The worst results are obtained from and to Finnish, and from French to Estonian, Hungarian, Latvian and Maltese. Nowadays, we notice the availability of early Speech Translation Systems for French.

- Several french companies have been marketing for many years Machine Translation systems (Systran, which was the technology initially used by Google, Softissimo's Reverso) or authoring aids for translators (Lingua et Machina).

- Similarly, French is well covered in terms of speech recognition research. Several francophone laboratories possess state-of-the-art technologies, as it appears in the international evaluation campaigns, and several SMEs are active in that field (Vecsys, Vocapia Research). Recognition rates of close to 85% in Broadcast News normal conditions are now obtained by French technologies on the French language, but also on other languages (English, Arabic, Russian, Chinese, Spanish), which makes it possible to conduct automatic indexing of audio-visual data. Crosslingual retrieval is also possible by adding automatic translation.

- Several francophone laboratories work on Automatic Meeting Transcription.

- Francophone laboratories are also very active in speaker recognition, and regularly participate with excellent results in the Odyssey evaluation campaigns organized by NIST.

- Speech resources have been available for French very early (the BREF corpus in 1990, the BDLex pronunciation lexicon in 1996, both distributed by ELRA).

- There exist several WordNets for French (EuroWordNet, INRIA Wolf, CEA WordNet/JAWS), but not as complete as the initial Princeton WordNet or even as the German WordNet extended in the EC Kyoto project, where French is not considered.

- There is no large FrameNet for French yet, despite ongoing initiatives based on the translation of US FrameNet. However, there are Grammatical Lexicon, and syntactic dictionaries (Dicovalence, KU Leuven; LEFFF, INRIA Alpage; Unitex, Institut Gaspard-Monge; NooJ, M. Silberztein).

- Many of the resources lack standardization, i.e., even if they exist, sustainability is not guaranteed; concerted programs and initiatives are needed to standardize data and interchange formats. Notice however the sporadic apparition of new norms like LMF [69] for dictionary representation.

- Semantics is more difficult than syntax; text semantics is more difficult than word and sentence semantics, and the same for discourse semantics. Developing a semantically annotated corpus is a huge effort.

- The more semantics a tool has to deal with, the more difficult it is to find the right data and to develop portable systems; more efforts for supporting deep processing are needed.

- Standards do exist for semantics in the sense of world knowledge (RDF, OWL, etc.); they are, however, not easily applicable in NLP tasks.

- Research was successful in designing particular high quality software, but it is difficult to come up with sustainable and standardized solutions given the current funding situations.

4.5.3 Cross-language Comparison

The current state of LT support varies considerably from one language community to another. In order to compare the situation between languages, this section will now present an evaluation, conducted among the META-NET partners, based on two sample application areas (machine translation and speech processing) and one underlying technology (text analysis), as well as basic resources needed for building LT applications. The languages were categorized using a five point scale:

1. Excellent support
2. Good support
3. Moderate support
4. Fragmentary support
5. Weak or no support

LT support was measured according to these criteria:

Speech processing: Quality of existing speech recognition technologies, quality of existing speech synthesis technologies, coverage of domains, number and size of existing speech corpora, amount and variety of available speech-based applications.

Machine translation: Quality of existing MT technologies, number of language pairs covered, coverage of linguistic phenomena and domains, quality and size of existing parallel corpora, amounts and variety of available MT applications.

Text analysis: Quality and coverage of existing text analysis technologies (morphology, syntax, semantics), coverage of linguistic phenomena and domains, amount and variety of applications, quality and size of existing (annotated) corpora, quality and coverage of existing lexical resources (e. g., WordNet) and grammars.

Resources: Quality and size of existing text corpora, speech corpora and parallel corpora, quality and coverage of existing lexical resources and grammars.

The tables in Figures 15, 16, 17 and 18 show that, thanks to the existence of an active research community and to the support of some large-scale infrastructural programs, the French language is better equipped than most other languages. It compares well with languages with a similar number of speakers, such as German. But language resources and tools for French clearly do not yet reach by far the quality and coverage of comparable resources and tools for the English language, which is in the lead in all LT areas. And yet there are still plenty of gaps even in language resources for English with regard to high quality applications.

For speech processing, current technologies perform well enough to be successfully integrated into a number of industrial applications such as spoken dialogue and dictation systems. Today's text analysis components and language resources already cover the linguistic phenomena of French to a certain extent and form part of applications involving mostly shallow natural language processing, e. g., spelling correction and authoring support. However, for building more sophisticated applications, such as widely usable machine translation, there is a clear need for resources and technologies that cover a wider range of linguistic aspects and allow a deep semantic analysis of the input text. By improving the quality and coverage of these basic resources and technologies, we shall be able to open up new opportunities for tackling a vast range of advanced application areas, including high-quality machine translation.

4.6 WHERE DO WE STAND? WHAT NEEDS TO BE DONE?

Research on Language Technologies for French is very active in francophone countries, where many laboratories exist, and a lot of large size resources and state-of-the-art technologies have been produced and distributed for French. However, the size of the resources and the number of tools are still very limited compared to what exists for English, and still insufficient to address all the technologies related to French.

The industry is limited, and most of the large companies have ceased or decreased their activity in that area leaving the field to several SMEs and VSEs, which can hardly attack an international market while the language barrier appears as one of the main factor for limiting cross-border e-Commerce in the EU [70].

The R&D funding lacks continuity, with short term coordinated programs interrupted by periods of low and sparse funding, and missing coordination with other programs existing in other EU countries or at the European Commission.

A large, coordinated effort on Language Technologies would help saving the French language just like the other languages, and multilingualism in general in Europe and worldwide [71].

Excellent support	Good support	Moderate support	Fragmentary support	Weak/no support
	English	Czech	Basque	Croatian
		Dutch	Bulgarian	Icelandic
		Finnish	Catalan	Latvian
		French	Danish	Lithuanian
		German	Estonian	Maltese
		Italian	Galician	Romanian
		Portuguese	Greek	
		Spanish	Hungarian	
			Irish	
			Norwegian	
			Polish	
			Serbian	
			Slovak	
			Slovene	
			Swedish	

15: Speech processing: status for 30 European languages

Excellent support	Good support	Moderate support	Fragmentary support	Weak/no support
	English	**French**	Catalan	Basque
		Spanish	Dutch	Bulgarian
			German	Croatian
			Hungarian	Czech
			Italian	Danish
			Polish	Estonian
			Romanian	Finnish
				Galician
				Greek
				Irish
				Islandic
				Latvian
				Lithuanian
				Maltese
				Norwegian
				Portuguese
				Serbian
				Slovak
				Slovene
				Swedish

16: Machine Translation: status for 30 European languages

Excellent support	Good support	Moderate support	Fragmentary support	Weak/no support
	English	Dutch	Basque	Croatian
		French	Bulgarian	Estonian
		German	Catalan	Irish
		Italian	Czech	Islandic
		Spanish	Danish	Latvian
			Finnish	Lithuanien
			Galician	Maltese
			Greek	Serbian
			Hungarian	
			Norwegian	
			Polish	
			Portuguese	
			Romanian	
			Slovak	
			Slovene	
			Swedish	

17: Text analysis: status for 30 European languages

Excellent support	Good support	Moderate support	Fragmentary support	Weak/no support
	English	Czech	Basque	Irish
		Dutch	Bulgarian	Islandic
		French	Catalan	Latvian
		German	Croatian	Lithuanian
		Hungarian	Danish	Maltese
		Italian	Estonian	
		Polish	Finnish	
		Spanish	Galician	
		Swedish	Greek	
			Norwegian	
			Portuguese	
			Romanian	
			Serbian	
			Slovak	
			Slovene	

18: Speech and text resources: status for 30 European languages

5

ABOUT META-NET

META-NET is a Network of Excellence partially funded by the European Commission [72]. As of March 2012, the network consists of 54 research centres in 33 European countries. META-NET forges META, the Multilingual Europe Technology Alliance, a growing community of language technology professionals and organizations in Europe. META-NET fosters the technological foundations for a truly multilingual European information society that:

- makes communication and cooperation possible across languages;
- grants all Europeans equal access to information and knowledge regardless of their language;
- builds upon and advances functionalities of networked information technology.

The network supports a Europe that unites as a single digital market and information space. It stimulates and promotes multilingual technologies for all European languages. These technologies support automatic translation, content production, information processing and knowledge management for a wide variety of subject domains and applications. They also enable intuitive language-based interfaces to technology ranging from household electronics, machinery and vehicles to computers and robots. Launched on 1 February 2010, META-NET has already conducted various activities in its three lines of action META-VISION, META-SHARE and META-RESEARCH.

META-VISION fosters a dynamic and influential stakeholder community that unites around a shared vision and a common strategic research agenda (SRA).

The main focus of this activity is to build a coherent and cohesive LT community in Europe by bringing together representatives from highly fragmented and diverse groups of stakeholders. The present White Paper was prepared together with volumes for 29 other languages. The shared technology vision was developed in three sectorial Vision Groups. The META Technology Council was established in order to discuss and to prepare the SRA based on the vision in close interaction with the entire LT community.

META-SHARE creates an open, distributed facility for exchanging and sharing resources. The peer-to-peer network of repositories will contain language data, tools and Web services that are documented with high-quality metadata and organised in standardised categories. The resources can be readily accessed and uniformly searched. The available resources include free, open source materials as well as restricted, commercially available, fee-based items.

META-RESEARCH builds bridges to related technology fields. This activity seeks to leverage advances in other fields and to capitalize on innovative research that can benefit language technology. In particular, the action line focuses on conducting leading-edge research in machine translation, collecting data, preparing data sets and organising language resources for evaluation purposes; compiling inventories of tools and methods; and organising workshops and training events for members of the community.

office@meta-net.eu – http://www.meta-net.eu

RÉFÉRENCES   REFERENCES

[1] Aljoscha Burchardt, Markus Egg, Kathrin Eichler, Brigitte Krenn, Jörn Kreutel, Annette Leßmöllmann, Georg Rehm, Manfred Stede, Hans Uszkoreit, and Martin Volk. *Die Deutsche Sprache im Digitalen Zeitalter – The German Language in the Digital Age*. META-NET White Paper Series. Georg Rehm and Hans Uszkoreit (Series Editors). Springer, 2012.

[2] Directorate-General Information Society and Media. User language preferences online, flash eurobarometer #313. European Commission, 2011. http://ec.europa.eu/public_opinion/flash/fl_313_en.pdf.

[3] European Commission, Multilingualism: an asset for Europe and a shared commitment, Brussels, 2008 (http://ec.europa.eu/education/languages/pdf/com/2008_0566_en.pdf).

[4] UNESCO Director-General. Intersectoral mid-term strategy on languages and multilingualism. UNESCO, 2007. http://unesdoc.unesco.org/images/0015/001503/150335e.pdf.

[5] The Language Center. *Study on the size of the Language industry in the European Union*. European Commission Directorate General for Translation ML Studies 08. Kingston Upon Thames, August 2009.

[6] Chang Hu, Philip Resnik, Yakov Kronrod, Vladimir Eidelman, Olivia Buzek, and Benjamin B. Bederson. The value of monolingual crowdsourcing in a real-world translation scenario: Simulation using haitian creole emergency sms messages. In *Proc. of the 6th Workshop on Statistical MT, EMNLP 2011*, 2011.

[7] French native speakers (Wikipedia). http://en.wikipedia.org/wiki/List_of_languages_by_number_of_native_speakers.

[8] French language (Wikipedia). http://en.wikipedia.org/wiki/French_language.

[9] M. Paul Lewis, editor. *Ethnologue: Languages of the World*. SIL International, Dallas, Texas, sixteenth edition edition, 2009. Online version: http://www.ethnologue.com.

[10] French speakers (Wikipedia). http://en.wikipedia.org/wiki/List_of_languages_by_total_number_of_speakers.

[11] French language (Ethnologue). http://www.ethnologue.com/show_language.asp?code=fra.

[12] Translation at UNESCO. http://databases.unesco.org/xtrans/stat/xTransStat.html.

[13] Fondation Alliance Française. http://www.fondation-alliancefr.org.

[14] Conseil supérieur de la langue française (CSLF). http://www.dglf.culture.gouv.fr/politique-langue/cslf-accueil.html.

[15] Service général des Lettres et du Livre de la fédération Wallonie-Bruxelles. http://www.lettresetlivre.cfwb.be/index.php?id=97.

[16] Conseil supérieur de la langue française du Québec. http://www.cslf.gouv.qc.ca.

[17] Délégation générale à la langue française et aux langues de France (DGLFLF). http://www.dglf.culture.gouv.fr.

[18] European Federation of National Institutions for Languages (EFNIL), Language legislation in Europe. http://www.efnil.org/documents/language-legislation-version-2007.

[19] Commission européenne (Wikipedia). http://fr.wikipedia.org/wiki/Commission_européenne.

[20] EU Council Resolution of 21 November 2008 on a European strategy for multilingualism). http://eur-lex.europa.eu/LexUriServ/LexUriServ.do?uri=OJ:C:2008:320:0001:01:EN:HTML.

[21] Union Latine. http://www.unilat.org.

[22] Ouvroir de Littérature Potentielle (OULIPO). http://www.oulipo.net.

[23] Marc Plénat. Une approche prosodique de la morphologie du verlan. *Lingua*, 1(3):97–129, 1995. J. Durand and M.-A. Hintze (eds).

[24] Ministère de la Culture et de la Communication – Dis-moi dix mots qui te racontent. http://www.dismoidixmots.culture.fr.

[25] Site Magali Desbazeille. http://www.desbazeille.fr/v2/.

[26] Blog Technologies du Langage (Jean Véronis). http://blog.veronis.fr.

[27] Global Internet usage (Wikipedia). http://en.wikipedia.org/wiki/Global_Internet_usage#Languages_used_on_the_Internet.

[28] List of Wikipedias. http://meta.wikimedia.org/wiki/Complete_list_of_language_wikis_available.

[29] Référentiel Général d'Accessibilité pour les Administrations. http://references.modernisation.gouv.fr/rgaa-accessibilite.

[30] Médéric Gasquet-Cyrus and Cécile Petitjean, editors. *Le poids des langues*. L'Harmattan, 2009.

[31] Nicholas Ostler. *The last lingua franca: English until the return of Babel*. Walker Publishing Company Inc., New York, 2010.

[32] Ronald A. Cole, Joseph Mariani, Hans Uszkoreit, Annie Zaenen, Victor Zue, Giovanni Varile, and Antonio Zampolli, editors. *Survey of the State of the Art in Human Language Technology*. Directorate XIII-E of the Commission of the European Communities, 1996. http://www.lt-world.org/hlt_survey/master.pdf.

[33] G.B. Varile and A. Zampolli. *Survey of the State of the Art in Human Language Technology*. Linguistica computazionale. Cambridge University Press, 1997.

[34] Jerrold H. Zar. Candidate for a Pullet Surprise. *Journal of Irreproducible Results*, page 13, 1994.

[35] Google zieht weiter davon (Spiegel Online). http://www.spiegel.de/netzwelt/web/0,1518,619398,00.html.

[36] Juan Carlos Perez. Google rolls out semantic search capabilities. *PCWorld*, March 24 2009. http://www.pcworld.com/businesscenter/article/161869/google_rolls_out_semantic_search_capabilities.html.

[37] Voxalead News. http://voxaleadnews.labs.exalead.com.

[38] The History of Automatic Speech Recognition Evaluations at NIST. http://itl.nist.gov/iad/mig/publications/ASRhistory/index.html.

[39] EC TC-STAR project. http://www.tcstar.org.

[40] Jibbigo. http://www.jibbigo.com.

[41] Philipp Koehn, Alexandra Birch, and Ralf Steinberger. 462 Machine Translation Systems for Europe. In *Proceedings of MT Summit XII*, 2009.

[42] Kishore Papineni, Salim Roukos, Todd Ward, and Wei-Jing Zhu. BLEU: A Method for Automatic Evaluation of Machine Translation. In *Proceedings of the 40th Annual Meeting of ACL*, Philadelphia, PA, 2002.

[43] Cross Language Evaluation Forum (now Conference and Labs of the Evaluation Forum). http://www.clef-campaign.org.

[44] Jocelyn Pierre, « La langue au cœur du numérique. Les enjeux culturels des technologies de la langue », Rapport pour la DGLF2, février 2007.

[45] Forum des Droits sur l'Internet, « Internet et Développement Durable : Langues et Internet », Report, 22.12.2009. http://www.foruminternet.org/institution/espace-presse/communiques-de-presse/la-langue-et-internet-le-forum-des-droits-sur-l-internet-publie-une-etude-inedite-2984.html.

[46] Bureau Van Dijk, Technologies de la Langue en Europe : Marché et Tendances, Ministère de la Recherche, mars 2007.

[47] GRRIL (APIL) Livre Blanc « Le traitement automatique des langues dans les industries de l'information », January 2005.

[48] TechnoLangue. http://www.technolangue.net.

[49] CNRS, Centre National de Ressources Textuelles et Lexicales (CNRTL). http://www.cnrtl.fr.

[50] CNRS, Centre de ressources pour la description de l'oral (Paris). http://crdo.risc.cnrs.fr/exist/crdo/.

[51] CNRS, Centre de ressources pour la description de l'oral (Aix-en-Provence). http://crdo.up.univ-aix.fr.

[52] CNRS, Corpus Infrastructure de Recherche (Corpus-IR). http://www.corpus-ir.fr.

[53] Euromatrix+ Bilingual Language Resources Matrix. http://www.euromatrixplus.net/matrix/.

[54] TechnoLangue, EVALDA, ESTER. http://www.technolangue.net/article.php3?id_article=60.

[55] Liu Yi, Pascale Fung, and Yang Yongsheng. A very large scale mandarin chinese broadcast collection for the gale program. In N. Calzolari, K. Choukri, B. Maegaard, J. Mariani, J. Odijk, S. Piperidis, M. Rosner, and D. Tapias, editors, *Proceedings of the 7th Conference on Int. Language Resources and Evaluation (LREC'10)*, Valletta, Malta, May 2010. ELRA. http://www.lrec-conf.org/proceedings/lrec2010/pdf/664_Paper.pdf.

[56] Centre de recherche en technologies langagières (CRTL), Canada. http//www.crtl.ca.

[57] European Language Resources Association. http://www.elra.info.

[58] Observatoire européen du plurilinguisme (OEP). http://plurilinguisme.europe-avenir.com.

[59] Association de l'industrie de la langue, Language Industry Association (AILIA), Canada. http://www.ailia.ca.

[60] TRALOGY, Translation and Technology Conference. http://www.tralogy.eu.

[61] Andrew Joscelyne and Rose Lockwood. Benchmarking HLT progress in Europe. Technical report, The Euromap Study, 2003.

[62] LRE MAP. http://www.resourcebook.eu/LreMap/faces/views/resourceMap.xhtml.

[63] LRE MAP (Wikipedia). http://en.wikipedia.org/wiki/LRE_Map, http://fr.wikipedia.org/wiki/LRE_Map.

[64] John Hutchins. Compendium of translation software. Technical report, EAMT, 2009. http://www.hutchinsweb.me.uk/Compendium-15.pdf.

[65] Anthony McEnery, Richard Xiao, and Yukio Tono. *Corpus Based Language Studies : An Advanced Resource Book*. Routledge, January 2006. http://cw.routledge.com/textbooks/0415286239/resources/corpa.htm.

[66] Such as: Leipzig University's Corpus Français (http://wortschatz.uni-leipzig.de/ws_fra/), Les Voisins du Monde (http://redac.univ-tlse2.fr/voisinsdelemonde/), Chambers-Le Baron Corpus of Research Articles in French (http://ota.oucs.ox.ac.uk/headers/2527.xml), Chambers-Rostand Corpus of Journalistic French (http://ota.oucs.ox.ac.uk/headers/2491.xml), Compleat Lexical Tutor (http://www.lextutor.ca) and FrWaCK (available on request from http://wacky.sslmit.unibo.it/doku.php?id=corpora).

[67] WikipediaFR 2008 Corpus. http://redac.univ-tlse2.fr/corpus/wikipedia_en.html.

[68] Corpus Frantext du laboratoire Analyse et Traitement Informatique de la Langue Française (ATILF). http://www.frantext.fr.

[69] Lexical Markup Framework (LMF). htpp://www.lexicalmarkupframework.org.

[70] EC Report on Cross-border e-commerce in the EU. http://ec.europa.eu/consumers/strategy/docs/com_staff_wp2009_en.pdf.

[71] Viviane Reding and Ján Figel, Preface, in Human Language Technologies for Europe, TC-Star project, http://www.tcstar.org/pubblicazioni/D17_HLT_ENG.pdf.

[72] Georg Rehm and Hans Uszkoreit. Multilingual Europe: A challenge for language technology. *MultiLingual*, 22(3):51–52, April/May 2011.

B

MEMBRES DE META-NET META-NET MEMBERS

Allemagne	Germany	Language Technology Lab, DFKI: Hans Uszkoreit, Georg Rehm
		Human Language Technology and Pattern Recognition, RWTH Aachen University: Hermann Ney
		Department of Computational Linguistics, Saarland University: Manfred Pinkal
Autriche	Austria	Zentrum für Translationswissenschaft, Universität Wien: Gerhard Budin
Belgique	Belgium	Computational Linguistics and Psycholinguistics Research Centre, Univ. of Antwerp: Walter Daelemans
		Centre for Proc. Speech and Images, Univ. of Leuven: Dirk van Compernolle
Bulgarie	Bulgaria	Inst. for Bulgarian Lang., Bulgarian Academy of Sciences: Svetla Koeva
Chypre	Cyprus	Lang. Centre, School of Humanities: Jack Burston
Croatie	Croatia	Inst. of Linguistics, Faculty of Humanities and Social Science, Univ. of Zagreb: Marko Tadić
Danemark	Denmark	Centre for Language Technology, University of Copenhagen: Bolette Sandford Pedersen, Bente Maegaard
Espagne	Spain	Barcelona Media: Toni Badia
		Institut Universitari de Lingüistica Aplicada, Univ. Pompeu Fabra: Núria Bel
		Aholab Signal Proc. Lab., Univ. of the Basque Country: Inma Hernaez Rioja
		Center for Lang. and Speech Technologies and Applications, Technical Univ. of Catalonia: Asunción Moreno
		Dept. of Signal Proc. and Communications, Univ. of Vigo: Carmen García Mateo
Estonie	Estonia	Inst. of Computer Science, Univ. of Tartu: Tiit Roosmaa
Finlande	Finland	Computational Cognitive Systems Research Group, Aalto Univ.: Timo Honkela
		Dept. of General Linguistics, Univ. of Helsinki: Kimmo Koskenniemi, Krister Linden
France	France	Centre National de la Recherche Scientifique, Laboratoire d'Informatique pour la Mécanique et les Sciences de l'Ingénieur: Joseph Mariani
		Evaluations and Lang. Resources Distribution Agency: Khalid Choukri

Grande-Bretagne	UK	Inst. for Lang., Cognition and Computation, Center for Speech Technology Research, Univ. of Edinburgh: Steve Renals
		Research Inst. of Informatics and Lang. Proc., Univ. of Wolverhampton: Ruslan Mitkov
		School of Computer Science, Univ. of Manchester: Sophia Ananiadou
Grèce	Greece	Inst. for Lang. and Speech Proc., R.C. "Athena": Stelios Piperidis
Hongrie	Hungary	Research Inst. for Linguistics, Hungarian Academy of Sciences: Tamás Váradi
		Dept. of Telecommunications and Media Informatics, Budapest Univ. of Technology and Economics: Géza Németh and Gábor Olaszy
Irlande	Ireland	School of Computing, Dublin City Univ.: Josef van Genabith
Islande	Iceland	School of Humanities, Univ. of Iceland: Eirikur Rögnvaldsson
Italie	Italy	Consiglio Nazionale Ricerche, Istituto di Linguistica Computazionale "Antonio Zampolli": Nicoletta Calzolari
		Human Lang. Technology, Fondazione Bruno Kessler: Bernardo Magnini
Lettonie	Latvia	Tilde: Andrejs Vasiļjevs
		Inst. of Mathematics and Computer Science, Univ. of Latvia: Inguna Skadiņa
Lituanie	Lithuania	Inst. of the Lithuanian Lang.: Jolanta Zabarskaitė
Luxembourg	Luxembourg	Arax Ltd.: Vartkes Goetcherian
Malte	Malta	Dept. Intelligent Computer Systems, Univ. of Malta: Mike Rosner
Norvège	Norway	Dept. of Linguistic, Literary and Aesthetic Studies, Univ. of Bergen: Koenraad De Smedt
		Dept. of Informatics, Lang. Technology Group, Univ. of Oslo: Stephan Oepen
Pays-Bas	Netherlands	Utrecht Inst. of Linguistics, Utrecht Univ.: Jan Odijk
		Computational Linguistics, Univ. of Groningen: Gertjan van Noord
Pologne	Poland	Inst. of Computer Science, Polish Academy of Sciences: Adam Przepiórkowski, Maciej Ogrodniczuk
		Univ. of Łódź: Barbara Lewandowska-Tomaszczyk, Piotr Pęzik
		Dept. of Computer Linguistics and Artificial Intelligence, Adam Mickiewicz Univ.: Zygmunt Vetulani
Portugal	Portugal	Dept. of Informatics, Univ. of Lisbon: Antonio Branco
		Spoken Lang. Systems Lab., Inst. for Systems Engineering and Computers: Isabel Trancoso
République Tchèque	Czech Republic	Inst. of Formal and Applied Linguistics, Charles Univ. in Prague: Jan Hajic

Roumanie	Romania	Research Inst. for Artificial Intelligence, Romanian Academy of Sciences: Dan Tufis
		Faculty of Computer Science, Univ. Alexandru Ioan Cuza: Dan Cristea
Serbie	Serbia	Faculty of Mathematics, Belgrade Univ.: Dusko Vitas, Cvetana Krstev, Ivan Obradovic
		Pupin Inst.: Sanja Vranes
Slovaquie	Slovakia	Ludovit Stur Inst. of Linguistics, Slovak Academy of Sciences: Radovan Garabik
Slovénie	Slovenia	Jozef Stefan Inst.: Marko Grobelnik
Suède	Sweden	Dept. of Swedish Lang., Univ. of Gothenburg: Lars Borin
Suisse	Switzerland	Idiap Research Inst.: Hervé Bourlard

Une centaine d'experts en technologies de la langue - représentant les pays et les langues de META-NET – ont discuté et finalisé les résultats-clés et les conclusions de cette collection de Livres Blancs lors d'une réunion de META-NET à Berlin (Allemagne), les 21 et 22 Octobre 2011. — About 100 language technology experts – representatives of the countries and languages represented in META-NET – discussed and finalised the key results and messages of the White Paper Series at a META-NET meeting in Berlin, Germany, on October 21/22, 2011.

LIVRES BLANCS META-NET   THE META-NET WHITE PAPER SERIES

Allemand	German	Deutsch
Anglais	English	English
Basque	Basque	euskara
Bulgare	Bulgarian	български
Catalan	Catalan	català
Croate	Croatian	hrvatski
Danois	Danish	dansk
Espagnol	Spanish	español
Estonien	Estonian	eesti
Finnois	Finnish	suomi
Français	French	français
Galicien	Galician	galego
Grec	Greek	ελληνικά
Hongrois	Hungarian	magyar
Islandais	Icelandic	íslenska
Irlandais	Irish	Gaeilge
Italien	Italian	italiano
Letton	Latvian	latviešu valoda
Lituanien	Lithuanian	lietuvių kalba
Maltais	Maltese	Malti
Néerlandais	Dutch	Nederlands
Norvégien Bokmål	Norwegian Bokmål	bokmål
Norvégien Nynorsk	Norwegian Nynorsk	nynorsk
Polonais	Polish	polski
Portugais	Portuguese	português
Roumain	Romanian	română
Serbe	Serbian	српски
Slovaque	Slovak	slovenčina
Slovène	Slovene	slovenščina
Suédois	Swedish	svenska
Tchèque	Czech	čeština